多読多聴の韓国語

やさしい韓国語で読む
韓国の人物伝 歴史編

韓国語学習ジャーナルhana編集部 編

∺HANA

本書は、2012年10月に発売された『多読多聴の韓国語 対訳韓国の人物』の一部内容に、雑誌『韓国語学習ジャーナルhana』の連載「やさしい韓国語で出会う韓国の人物」に掲載された内容と、書き下ろしの作品を加え、1冊にまとめたものです(以前の掲載誌については巻末をご参照ください)。

○ 音声ダウンロードのご案内
本書の音声は、小社ウェブサイト(https://www.hanapress.com)のトップページ右の「ダウンロード」バナーから該当ページに移動し、ダウンロードが可能です。ダウンロードの際にはパスワード(pkt3fpn7)をご入力ください。

はじめに

　外国語が上達するために大事なことの一つは、その言語に多く接することです。しかし、多くの外国語学習者にとって、その言葉に多く接する機会を作るのは大変なこと。でもそれを可能にする方法が多読、つまり自分のレベルに合った作品・素材を多く読むことです。

　韓国語学習においても、多読は確実に有効な学習方法ですが、問題は素材が不足していることでした。そこで小社では、2012年に「多読多聴の韓国語」というシリーズを発行しましたが、その改訂を行った3作目が『やさしい韓国語で読む韓国の人物伝 歴史編』です。本書は、前作「韓国の人物」編に掲載された作品の中から近代までの人物を題材としたものを選出し、さらに雑誌『韓国語学習ジャーナルhana』の連載で掲載した作品と新たに書き下ろした作品を加え、全25作品を収録いたしました。本書で扱うのは、韓国では誰もが知っている歴史上の重要人物です。韓国の歴史を知る上では欠かせない知識であると言えるでしょう。

　一つの教材・素材を徹底的に使い尽くすことも外国語学習の大事なコツですが、本シリーズには、本場のプロの声優による朗読音声が付いており、リスニング練習、音読やシャドーイングなどの練習にも活用できます。この本を通じて、韓国語で直接作品を読む楽しみを味わうとともに、韓国語の基礎をみっちり鍛えていただければ幸いです。

編　者

目　次

本書の特徴

1 韓国の歴史的重要人物を、すぐ読み終えられる長さの文章で紹介

本書では、韓国の歴史的な人物にまつわるエピソードを、韓国語学習者がすぐに読み終えられる長さの文章でまとめています。

2 「ハングル」能力検定試験に準拠した
語彙・文法で書かれた文章

本書の作品は、「ハングル」能力検定試験（ハン検）の出題語彙リストに沿って単語を制限して書かれており、初中級レベルに当たる3級までの語彙・文法が主に使われています。それより上のレベルの語彙や文法には注を付けました。

3 発音変化が起きる箇所には、発音をハングルで表示

韓国語の発音変化は学習者にとってはなかなかの難関です。本書の文章で発音変化が起きる部分には、ハングルの発音表記を添えることで発音変化を把握しやすくしました。
※ハン検5級レベルの発音変化の表示は割愛しました。

4 プロの声優による丁寧な音声。多様な学習法に活用が可能

本書のCDには、韓国人の声優がゆっくり丁寧に読み上げた音声が収録されており、初級学習者のリスニングに最適です。また、次項で述べるような多様な練習にも活用ができます。

本書の使い方と学習法

本書はリーディングのための素材集として作られていますが、リスニングや音読、シャドーイング、リピーティングなど多様な練習にもご活用いただけます。以下に、効果的な学習の流れと、それぞれの詳しい方法について紹介していきます。

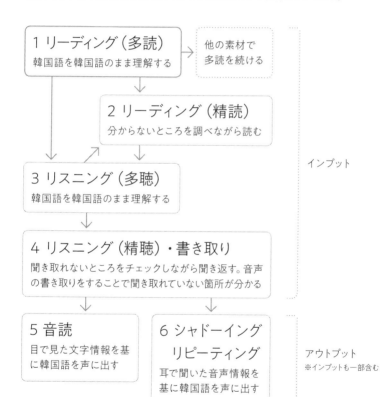

1 リーディング（多読）
韓国語を韓国語のまま理解する

他の素材で多読を続ける

2 リーディング（精読）
分からないところを調べながら読む

3 リスニング（多聴）
韓国語を韓国語のまま理解する

4 リスニング（精聴）・書き取り
聞き取れないところをチェックしながら聞き返す。音声の書き取りをすることで聞き取れていない箇所が分かる

インプット

5 音読
目で見た文字情報を基に韓国語を声に出す

6 シャドーイング
リピーティング
耳で聞いた音声情報を基に韓国語を声に出す

アウトプット
※インプットも一部含む

1 リーディング (多読)

外国語学習における多読とは、その言語で書かれた多くの文章を読むこと。しかもなるべく日本語の助けを借りずに読むということです。本書のようなやさしい素材から始め、徐々にレベルを上げながら一定量の韓国語を消化していけば、次第に韓国語で読書を楽しめるようになり、結果として韓国語の実力も付く好循環が起きます。以下に多読をうまく行うためのポイントを幾つか記します。

① 全体を読んで、だいたいを把握する。

対訳を見ずに、全体の内容や筋書きをつかむように、韓国語の文章を読み進めます。分からない箇所があっても止まらず、話の流れを推測しながら読み進めます。

② 分からない単語や表現の意味を予想する。

分からない単語や表現があっても、なるべく辞書を引かずに読み進めます。読み進めるうちに分かってくることもありますが、何度も出てくるのに意味をつかめなかったり、その単語が分からないがためにどうしても話の流れを理解できなかったりするときに、対訳や注、さらには辞書で確認するようにしましょう。

③ 読めそうなものから始めて、読めそうもない素材は諦める。

本書に収められた作品の中から、知っている物語、興味のある物語、簡単そうに見える物語を選んで読むといいです。さっぱり内容が分からない文章は、無理して読まずに、他の作品に移ります。韓国語能力が足りなくて理解できない場合もそうですが、背景知識や興味のない素材と無理に格闘する必要もありません。

④ とにかく1編読み切り、次の作品に挑戦して、成功体験を積み重ねる。

1編読み終えたら、1冊、さらには別の本といった具合に、より多くの作品に挑戦していきましょう。読了できた文章が増えれば増えるほど、自信になり、読むことも楽になります。いつの間にか韓国語の理解力が育ち、自然と単語や文法表現も身に付くでしょう。日本語を介在させずに韓国語の文章を読んでいるということ自体、学習者にとって素晴らしいことですし、多読が勉強でなく、楽しみになればしめたものです。

2 リーディング（精読）

　多読のやり方で素材を一通り読み終えたら、次に分からないところを細かく確認しながら同じ素材を読むのもいい方法です。さらに上のレベルを目指す人は、文を正確に読んで理解する読み方にも時間をかける必要があるからです。後に述べる音読やシャドーイングなどの練習を行うためにも、この作業は必要となります。

　まず、どこが分からないのか、知らない単語・表現はないかなどをチェックしながら、全体を読み進め、次に対訳や注を見て、さらには辞書や文法書を開いて、分からない箇所を調べます。調べた単語や文法、表現などを本に書き込んだり、単語帳やノートを作ったりしながら進めるのもいいでしょう。書くことで記憶に定着しやすくなり、復習も容易になります。

3 リスニング（多聴）

　1や2を終えたら、ぜひ付録のCDを聞き取りに活用してください。まずは音声を聞き流して作品を楽しむ、あるいは韓国語の音に慣れるところからでもいいです。学習のためには同じ作品を何度も繰り返し聞くのが効果的です。まず最初は本を見ずに全体を把握するように聞き、その後で本を見ながら聞くことをおすすめします。

4 リスニング（精聴）・書き取り

　リスニング能力を意識的に育てるためには、漫然と音を聞くのではなく、集中して聞く必要があります。1、2文ずつ音声を止めながら聞き取り、聞き取れなかった部分を本で確認して、また聞いてみます。

　特に効果的なのは書き取り（ディクテーション）を行うことです。やはり、1、2文ずつ音声を再生し、聞いた音声をノートなどに書き取っていきます。一度で全て書き切れないので、音声を何回か再生することになりますが、5回聞いて聞き取れなかった箇所はそれ以上聞いても聞き取れないものです。なので適度な回数聞いたら次の文に移ります。書き取った韓国語は、元の文章と照らし合わせて答え合わせを行います。こうすることで、聞き取れていない箇所、自分の弱点が明確になります。

5 音読

　音読とは、韓国語で書かれた文章を自分で声に出して読み上げることです。CDの音声のように発音できることを目標に、作品を声に出して読む練習を何度も繰り返します。こうすることで滑らかな発音だけでなく、発話力も身に付きます。より効果的な音読をするために、以下の点に注意してください。

① 内容を理解している素材で行う。

　まず大事なのは、十分に理解できている素材で音読を行うことです。何が書かれているのかきちんと把握した素材を使い、その内容を目の前にいる相手に伝えるくらいの意識で音読しましょう。

② 音声を聞いて参考にする。

　正しくない発音や抑揚で練習を繰り返すことは、後々矯正が難しい癖が身に付くことにもつながります。必ずCDの模範音声をお手本に音読練習を行いましょう。自分の声を録音してCDの音声と聞き比べるのも一つの手です。

③ はっきりした声で、口を大きく動かして練習する。

　韓国語には日本語にない発音があり、その発音には日本語で普段使わない口の動きを使います。相手に伝わる韓国語を身に付けるには、普段の練習から大きな発声を心掛け、大げさなくらいに口を動かして発音するとよいです。

6 シャドーイング・リピーティング

　シャドーイングは、音声を聞きながらその音を追い掛けるように声に出していく練習です。リピーティングは、音声を1文ずつ再生し、聞き終わったら同じように一気に発音する練習です。どちらも通訳者が普段のトレーニングとして行っている学習方法ですが、平易な素材さえあれば、初級レベルの学習者でも十分に挑戦することができます。耳で聞いた発音や抑揚をまねて、一字一句間違えないように発音する練習を積み重ねれば、練習した部分を見本の音声のように話せるようになります。原則どちらもテキストを見ずに行いますが、それが難しい場合、テキストを見て行ってもいいでしょう。

第1章

古代～中世（14世紀以前）

1 고구려를 세운 영웅

TR01

주몽

1. 고주몽은 기원전 37년에 고구려를 세웠습니다. 주몽
[삼십칠년에]
은 **본래** 해모수와 유화의 아들인데, **나중**에 어머니 유
[볼래]
화부인이 동**부여**의 금와왕의 아내가 됨에 따라 금와왕
의 아들로 자랐습니다.

2. **재주**가 **뛰어난** 주몽은 금와왕의 사랑을 받았습니다.
금와왕에게는 이미 두 아들이 있었습니다. **이들**은 주몽
을 미워하고 **괴롭혔습니다.**
[괴로펼씀니다]

3. 주몽은 형들을 피해 부여를 떠났습니다. 부여에서 이
미 결혼을 했던 주몽은 아내와 뱃속의 아이를 남겨 두
고 떠나는 마음이 몹시 **괴로웠을** 것입니다. 오이, 마리,
[괴로워쓸 꺼심니다]
협보 등의 **부하**들과 **졸본**에 이르러 **도읍**을 정하고 나라
이름을 고구려라 지었으며, 스스로를 고(高)씨라 했습
니다. 또한 나라를 함께 세운 두 번째 아내 소서노와의

高句麗を建てた英雄
朱蒙 (チュモン)

紀元前58~紀元前19年。高句麗の初代国王 (在位紀元前37~紀元前19年)。紀元前37年に
高句麗を建国。東明王、東明聖王ともいう。

1 高朱蒙は紀元前37年に高句麗を建てました。朱蒙は元来、解慕漱と柳
花の息子ですが、後に母、柳花夫人が東扶余の金蛙王の妻になることに
より金蛙王の息子として育ちました。

2 才能が優れた朱蒙は金蛙王の愛情を受けました。金蛙王にはすでに二
人の息子がいました。彼らは朱蒙を憎み苦しめました。

3 朱蒙は兄たちを避け、扶余を出ました。扶余ですでに結婚していた朱蒙
にとって、妻とおなかの中の子を残して離れるのはとてもつらかったことで
しょう。烏伊、摩離、陜父などの部下たちと卒本に着き、都を定めて国の
名前を高句麗とし、自らを高氏と名乗りました。また国を一緒に建てた2

1 **본래**：本来、元々　**나중**：しばらくたった後、次の機会。나중에 (後で、また今度) の形で
多く使われる　**부여** (扶余)：紀元前2世紀から494年まで北満州一帯にあった国家

2 **재주**：才能　**뛰어나다**：優れている　**이들**：これら、この人たち　**괴롭히다**：苦しめる、い
じめる

3 **괴롭다**：苦しい、つらい　**부하**：部下　**졸본** (卒本)：高句麗の初の首都。現在、中国・遼
寧省桓仁地域に該当　**도읍** (道邑)：都

사이에 두 아들 비류와 온조를 두었습니다.

4 그런데 부여에 남아 있던 첫 번째 부인과 그녀가 낳은 아들 유리가 부여에서 **탈출해** 주몽을 찾아왔습니다. 주몽은 기뻐했습니다. 그리고 유리에게 왕위를 **물려주었습니다.** 소서노와 비류, 온조는 결국 주몽의 곁을 떠나 남쪽으로 내려갔습니다.

5 고구려를 함께 세웠던 주몽의 아내 소서노는 남쪽에서 아들과 함께 백제를 세웠습니다.

6 이후 고구려의 **영토**는 한반도 **북부**에서 만주에 이르는 **번영**을 이루었습니다.

番目の妻、召西奴との間に二人の息子、沸流と温祚を得ました。

⁴ ところが扶余に残っていた一人目の夫人とその夫人が生んだ息子、琉璃が、扶余から脱出し朱蒙を訪ねてきました。朱蒙は喜びました。そして琉璃に王位を譲りました。召西奴と沸流、温祚は結局、朱蒙のそばを離れ南に下っていきました。

⁵ 高句麗を一緒に建てた朱蒙の妻、召西奴は、南方で息子と一緒に百済を建てました。

⁶ 以降、高句麗の領土は朝鮮半島北部から満州にまで及ぶ繁栄を遂げました。

---

⁴ **탈출하다**：脱出する　**물려주다**：(財産や地位を)譲り渡す

⁶ **영토**：領土　**북부**：北部　**번영**：繁栄

2   가출한 왕자

온조왕

1   고대 일본과 깊은 관계를 **맺었던** 백제. 이 백제를 세운 **임금** 온조왕은 고구려 동명왕의 셋째 아들이다. **몸집이**
[몸찌비]
크고 **효심이** 깊으며, 말을 잘 타고 **활** 쏘기를 좋아했으나, 셋째 아들이 **왕위를 물려받기**란 **어려운 법.** 결국 집을 나와야 했다.

2   왕이 되기 어려운 것은 둘째 형인 비류도 마찬가지라, 새로운 나라를 세우기 위해 형제는 어머니인 소서노와 함께 고구려 땅을 떠나 남으로 내려와 **터를 잡았다.**

3   고구려를 떠나올 때 온조를 따르는 **신하**들이 많았다고 역사는 기록하고 있다. 그런데 형과 **아우**는 나라를
[기로카고]
세우는 데는 **일치된** 의견을 보였으나 수도를 정하는 데에는 **이견**이 있었다. 결국 **각기** 좋은 곳에 수도를 정했
[정핸
는데, 비류가 자리 잡은 곳은 얼마 가지도 못하고 망해
는데]
[모타고]

家出した王子
温祚王（オンジョワン）

?～28年。百済を建国し、その初代王となった。在位は紀元前18～28年。温祚の父は、朱蒙の諱でも知られる高句麗初代王の東明王である。母は召西奴。兄に沸流がいる。

1 古代、日本と深い関係を結んだ百済。この百済を建てた王の温祚王は高句麗東明王の三男だ。体が大きくて孝心が深く、馬に乗るのがうまくて弓を射ることを好んだが、三男が王位を譲り受けるのは難しいもの。結局家を出なければならなかった。

2 王になるのが難しいのは次兄の沸流も同じであるため、新しい国を建てるために兄弟は母の召西奴と共に高句麗の地を離れて南下し、落ち着いた。

3 高句麗を離れる時、温祚に従う臣下が多かったと、歴史は記録している。しかし、兄と弟は国を建てることには一致した意見を見せたが、首都を決めるのには意見の相違があった。結局、それぞれ好きな場所に首都を決

....

가출하다：家出する　왕자：王子

1 맺다：結ぶ　임금：王　몸집：体格、体つき　효심：孝心　활：弓　왕위를 물려받다：
王位を譲り受ける　-은 법（- 法）：～なもの。-은 법이다（～なものだ）の～이다が付いていない形

2 터를 잡다：場所を決める、（一定の場所に）落ち着く

3 신하：臣下　아우：弟　일치되다：一致する　이견：異見、異なる意見　각기（各其）：
各自、おのおの

버렸다. 반대로 **온조가 수도로 정한** 곳은 나날이 **융성해** 갔다. 비류가 하는 수 없이 **짐을 꾸려** 아우를 찾아 갔는데, 온조와 그의 백성들은 이들을 **얼싸안고 반겼으며**, 그후 십제라고 했던 나라 이름을 백제로 고쳐 지었다 한다.

[얼싸안꼬]

めたが、沸流が居着いた場所はそれほど長く持たずに滅びてしまった。反
対に温祚が首都に決めた場所は日に日に隆盛を極めていった。沸流が仕
方なく荷をまとめて弟を訪ねたところ、温祚とその民は彼らを抱き締めて
歓迎し、十済と呼んでいた国をそれ以降、百済と付け直したという。

....

온조가 수도로 정한 곳：慰礼城（위례성。現在のソウル特別市南東部から京畿道河南
市、京畿道広州市にかけての地域と推定）の地を指す。沸流と温祚の兄弟は、高句麗の都
である卒本を離れて南下し、それぞれ都を定めた。兄の沸流が都とした弥鄒忽（미추홀。
現在の仁川広域市）が滅びたのに対し、温祚の慰礼城は発展したとされる　융성하다（隆
盛‒‒）：隆盛を極める、大きく栄えてにぎわう　짐을 꾸리다：荷物をまとめる、荷造りする
　얼싸안다：抱き締める　반기다：喜ぶ、歓迎する。반갑다に対応する動詞

3 장군이 된 바보

온달과 평강 공주

1 고구려 평원왕의 딸 평강 공주는 어린 **시절 소문난 울보**였다. 왕은 **평소** 평강이 눈물을 보일 때마다 "너 그렇게 울면 **이다음**에 바보 온달한테 **시집보낸다.**"라고
[그러케]
놀렸다. 평강이 **커서** 열여섯 살이 되었을 때, 왕은 평강
[열려섣]
을 한 **귀족**과 **결혼시키고자** 했다. **귀에 못이 박히도록**
[바키도록]
바보 온달에게 시집보내겠다는 말을 듣고 자란 평강은
바보 온달이 아니면 결혼하지 않겠다며 궁을 **나오고**
[안켙따며]
만다.

2 평강은 **기어이** 온달을 찾아가 **혼인하고** 그에게 글과
무예를 가르쳤다. 평강의 가르침에 온달은 **나날이** 무예
와 **학식**이 늘어, 더 이상 바보 소리를 듣지 **않게 되었다.**
[바보 쏘리]   [안케]

将軍になったばか
温達 (オンダル) と平岡 (ピョンガン) 王女

温達、?～590年。高句麗の武将で、高句麗25代王の娘である平岡王女の夫。低い身分から身を起こしたとされる彼の人物伝「온달전 (温達伝)」は、古代から語り継がれてきた、韓国では知らない人のいない物語である。

_1_ 高句麗・平原王の娘である平岡王女は、幼い頃泣き虫で評判だった。王は日頃、平岡が涙を見せるたび「おまえ、そんなに泣いたら今度はばかな温達に嫁に出すぞ」とからかった。平岡が16歳になった時、王は平岡をある貴族と結婚させようとした。耳にたこができるくらい、ばかな温達に嫁に出すと言われ育った平岡は、ばかな温達でなければ結婚しないと宮殿を出て行ってしまう。

_2_ 平岡は、ついには温達を訪ね結婚し、彼に学問と武術を教えた。平岡の教えで温達は日に日に武道と学識が伸び、それ以上ばか呼ばわりされなくなった。

공주 (公主)：姫、王女

_1_ **시절** (時節)：頃、時期　**소문나다** (所聞--)：うわさになる　**울보**：泣き虫　**평소**：平素、普段、日頃　**이다음**：今度、この次　**시집보내다** (媤----)：嫁に出す、嫁に行かせる　**놀리다**：からかう　**크다**：大きくなる、成長する　**귀족**：貴族　**-고자**：〜しようと　**귀에 못이 박히다**：耳にたこができる　**-고 말다**：〜してしまう

_2_ **기어이** (期於-)：必ずや、ついに　**혼인하다**：婚姻する、結婚する　**무예**：武芸　**나날이**：日に日に、日ごとに　**학식**：学識　**-게 되다**：〜するようになる、〜することになる

³ **훗날** 온달은 평원왕의 눈에 띄게 되고, 고구려의 **명장**
[훈날]

이 되어 많은 **공**을 세웠으나, 신라와의 싸움에서 **전사**
[실라]

한다. 온달과 관련된 **유적**은 서울 광진구의 아차산성과
[괄련된 뉴저근]

충청북도 단양의 온달산성 등이 있다.

⁴ 온달은 한반도에서 바보 하면 곧바로 떠올릴 정도로
[떠올릴 쩡도]

대표격이지만, 훌륭한 **장수**가 된 것으로 보아 진짜 바
[대표꼉기지만]

보는 아니었을 것이라 **추측하기도** 한다. 또한 공주의
[아니어쓸 꺼시라]   [추츠카기도]

신분으로 부모의 **명**을 **어기고** 스스로 **배우자**를 찾아

혼인한 평강은 당시로서는 매우 **파격적인** 여성이었다.

³ その後、温達は平原王の目に留まり、高句麗の名将となって多くの功を立
てたが、新羅との戦いで戦死する。温達と関連のある遺跡はソウル広津
区の阿且山城と、忠清北道丹陽の温達山城などがある。

⁴ 温達は、朝鮮半島ではばかといえばすぐ浮かぶほどに代表格だが、立派な
将軍になったことからみて、本物のばかではなかったのだろうとも推測でき
る。また、王女の身分で親の命に背き、自ら配偶者を見つけて結婚した平
岡は、当時としてはとても型破りな女性だった。

....

³ 훗날 (後-)：後日　　명장：名将　　공：功、手柄　　전사하다：戦死する　　유적：遺跡
⁴ 장수 (将帥)：将軍　　추측하다：推測する　　신분：身分　　명：命、命令　　어기다：背く、
(約束を)破る　　배우자：配偶者　　파격적이다 (破格的--)：型破りだ

TR04

선덕여왕

1 　신라 27대 선덕왕은 한국 최초의 여왕입니다. **재위** 기
　[실라]　　[이십칠대]

간은 632년에서 647년인데, 선덕여대왕이라 하여, '대'
　　　　　　[육백 사십칠려닌데]

를 넣어 부르는 **위대한** 왕 중 하나입니다.

2 　무엇보다 배가 고픈, **가난한 백성**을 불쌍하게 생각했
　　　　　　　　　　　　　　　　　　　　[생가캠

습니다. 그들을 위해 쌀을 주었습니다. 덕분에 백성의
쓴니다]

생활이 좋아졌습니다.

3 　한반도는 백제, 고구려, 신라로 나뉘어 있었습니다.

그중 백제는 신라의 **성**을 자주 **빼앗았습니다**. 왕은 고

구려에 도와 **달라고** 했으나 고구려는 백제 편에 섰습니

다. **그러자** 왕은 김유신을 **대장군**으로 **임명했습니다**. 김

유신은 **빼앗긴** 성을 **되찾았습니다**.

朝鮮半島初の女王
善徳女王（ソンドクヨワン）

?～647年。新羅の第27代王（在位632～647年）。朝鮮半島初の女王。男性の王位継承者がいなかったため王位に就いた。16年の在任期間、瞻星台をはじめ、皇龍寺九重木塔を建造するなど大きな業績を残す。

1 新羅27代・善徳王は韓国初の女王です。在位期間は632年から647年で、善徳女大王といい、「大」を付けて呼ぶ偉大な王の中の一人です。

2 何よりも、おなかをすかした、貧しい民を哀れだと考えました。彼らのために米を与えました。おかげで民たちの生活は良くなりました。

3 朝鮮半島は百済、高句麗、新羅に分かれていました。その中で百済は新羅の城を度々奪いました。王は高句麗に助けてくれと言いましたが高句麗は百済側に立ちました。すると王は金庾信を大将軍に任命しました。金庾信は奪われた城を取り戻しました。

....

여왕：女王

1 재위：在位　　위대하다：偉大だ

2 가난하다：貧しい、貧乏だ　　백성(百姓)：民、民衆

3 성：城　　빼앗다：奪う　　-아 달라고：～してくれと。依頼表現を引用形にするときは、주다ではなく달다という別の単語を用いる。달라고は、달다に命令引用形語尾の-라고が付いた形　　그러자：すると　　대장군：大将軍　　임명하다：任命する　　빼앗기다：奪われる　　되찾다：取り戻す

⁴ 선덕여왕 하면 **첨성대 건립**을 **빼놓고** 말할 수 없습니다.
[걸리블]   [빼노코]   [마랄 쑤]

다. 첨성대는 별을 보기 위한 **천문대**인데 동양에서 가

장 오래되었습니다. 이를 통해 춘분, 추분, 동지, 하지

등의 **24절기**를 **측정했습니다.**

⁵ 왕은 세 번 결혼했지만 아이는 없었습니다. 주변의

나라들은 여왕이라 하여 쉽게 보았습니다.

⁶ 그러나 선덕왕은 **위기**가 올 때면 **지혜**로 이겼습니다.

그리고 당나라에 유학생을 보내 좋은 **외교 관계**를 유

지했습니다.

⁷ 당의 불교를 적극적으로 받아들여, 황룡사 9층 목탑
[황눙사]

을 건립한 일도 선덕왕의 **업적**입니다.
[걸리판 닐]

⁴ 善徳女王といえば、瞻星台の建立を抜きにしては語れません。瞻星台は
星を見るための天文台ですが、東洋で最も古いのです。これを通して春分、
秋分、冬至、夏至などの二十四節気を測定しました。

⁵ 王は3回結婚しましたが子どもはいませんでした。周辺の国々は、女の王
だからと軽く見ました。

⁶ しかし善徳王は危機が訪れると知恵で勝ちました。そして唐に留学生を
送り良い外交関係を維持しました。

⁷ 唐の仏教を積極的に受け入れ、皇龍寺九重木塔を建設したのも善徳王
の業績です。

....

⁴ **첨성대**（瞻星台）：慶尚北道慶州市にある建造物。東洋最古の天文台。1962年、国宝31
号に指定　**건립**：建立　**빼놓다**：抜く、書き漏らす。～을/를 빼놓고で「～を抜きにして」
の意味　**천문대**：天文台　**24절기**：二十四節気　**측정하다**：測定する

⁶ **위기**：危機　**지혜**（知慧）：知恵　**외교 관계**：外交関係

⁷ **업적**：業績

5 언니의 꿈을 산 왕비

TR05

문명왕후

1 　문희는 신라의 **장군** 김유신의 여동생이며, 29대왕 김
　　　　　　　[실라]
춘추의 아내입니다. 그가 김춘추의 아내가 되기까지는

사연이 있습니다.

2 　어느 날, 문희의 언니가 꿈 이야기를 했습니다. '산에

올라가 **오줌**을 **누었는데**, 그 오줌이 **세상**에 가득 찼다'
　　　　　　　[누언는데]
는 것입니다. 문희는 "언니, 그 꿈을 제가 사고 싶어요."

라고 했습니다. 문희는 꿈값으로 **비단** 치마를 언니에게
　　　　　　　　　　　[꿈깝쓰로]
주었습니다.

3 　며칠이 지났습니다. 김유신이 김춘추를 집으로 데려

왔습니다. 놀다가 떨어진 옷을 **꿰매기** 위해서였습니다.

姉の夢を買った王妃
文明王后 (ムンミョンワンフ)

新羅の将軍、金庾信 (595〜673年) の妹であり、後の王、金春秋の妻。名前は文姫。美人で頭が良く、姉の夢を買って金春秋と結婚したと韓国では言い伝えられている。その後、金春秋が新羅の王に即するとともに王妃となる。

1 文姫は新羅の将軍、金庾信の妹であり、29代王金春秋の妻です。彼女が金春秋の妻になるまでのいきさつがあります。

2 ある日、文姫の姉が夢の話をしました。「山に登っておしっこをしたんだけど、そのおしっこで国中がいっぱいになった」というものです。文姫は「お姉さん、その夢を私が買いたいです」と言いました。文姫は夢の代金として絹のスカートを姉にあげました。

3 何日か過ぎました。金庾信が金春秋を家に連れてきました。遊んでいて破れた服を繕うためでした。

왕후：王后、王妃
1 **장군**：将軍　　**사연 (事縁)**：逸話、エピソード、いきさつ
2 **오줌**：小便　　**누다**：(大便や小便を)する　　**세상 (世上)**：世の中、世界、世間
　비단 (緋緞)：絹
3 **꿰매다**：縫う、繕う

4 김유신은 두 여동생 중 언니를 불렀습니다. 그러나 언니는 방에서 나오지 않았습니다. 대신 문희를 불렀습니다. 문희가 나와 김춘추의 옷을 꿰맸습니다.

5 문희는 얼굴이 예쁘고, 옷은 **수수했습니다**. 김춘추는 문희를 좋아하게 되었습니다. 둘은 자주 만났고, 얼마 뒤 문희는 **임신**을 했습니다. 김유신은 부모에게 말하지 않고 임신을 한 여동생에게 화를 냈습니다.
[안코]

6 사람들은 김유신이 여동생을 태워 죽일지도 모른다는 이야기를 했습니다. 이 소문은 김유신이 일부러 **퍼뜨린** 이야기입니다만, 이런 사실을 들은 왕은 김춘추에게 문희의 죽음을 막으라고 명령했습니다.
[주길찌도]
[명녕핻씀니다]

7 이렇게 해서 문희는 김춘추와 결혼을 했습니다. 사람들은 문희가 언니의 좋은 꿈을 샀기 때문에 왕비가 되었다고 생각했습니다.
[이러케]
[생가캗씀니다]

⁴ 金庾信は2人の妹のうち、上の妹を呼びました。しかし上の妹は部屋から
　出てきませんでした。代わりに文姫を呼びました。文姫が出てきて金春秋
　の服を繕いました。

⁵ 文姫は顔が美しく、服は素朴でした。金春秋は文姫を好きになりました。
　二人は度々会い、しばらくして文姫は妊娠しました。金庾信は親に言わず
　に妊娠した妹に腹を立てました。

⁶ 人々は、金庾信が妹を焼いて殺してしまうかもしれないという話をしました。
　このうわさは金庾信がわざと流した話でしたが、このことを聞いた王は金
　春秋に文姫の死を食い止めるよう命令しました。

⁷ このようにして文姫は金春秋と結婚しました。人々は、文姫が姉の良い夢
　を買ったから王妃になったのだと思いました。

---

⁵ **수수하다**：素朴だ、地味だ　　**임신**：妊娠
⁶ **퍼뜨리다**：広める、(うわさを)流す

6 고대 해상 무역의 왕

장보고

¹ 9세기에 '**해상왕**'이라고 **불린** 사람이 있었다. 장보고
다. 드라마 '해신'의 주인공이기도 하다.

² 장보고는 한반도 남쪽 끝의 어느 섬에서 태어났다.
그래서인지 수영을 잘했다. 말을 잘 탔고 **활도** 잘 **쏘았
다**. 어려서부터 싸움도 잘하고 **무예도 뛰어나서** 더 이상
은 **적이** 없었다.

³ 그런데 그가 살았던 신라시대의 **신분제도**에서 **출세하**
  [실라]   [출쎄하
기는 어려웠다. 그의 신분은 낮았기 때문이다.
기는]

⁴ '좋다, 나는 신라 사람이지만, 신라에서 성공하기는
  [조타]
어렵다. **당나라로** 가야겠다.'

古代海上貿易の王
張保皐 (チャンボゴ)

?〜846年。新羅の「海上王」と呼ばれた武将。海賊たちによる人身売買を根絶するために清海鎮 (軍の基地) を設置し海賊を掃討する。国際商人としても名声高く日本と唐の間で三角貿易を行い、王位継承争いにまで介入するなど一大勢力を築く。

1 9世紀に「海上王」と呼ばれた人がいた。張保皐である。ドラマ「海神」の主人公でもある。

2 張保皐は朝鮮半島南端のある島で生まれた。そのせいか泳ぎがうまかった。馬乗りも、弓を射るのもうまかった。幼い頃からけんかも強く武芸に秀で、もはや敵がいなかった。

3 しかし、彼が生きた新羅時代の身分制度で出世するのは難しかった。彼の身分は低かったからだ。

4 「いいさ、俺は新羅の人間だが、新羅で成功するのは難しい。唐に行かねば」

....

1 **해상왕**：海上王　**불리다**：呼ばれる

2 **활**：弓　**쏘다**：射る、撃つ　**무예**：武芸　**뛰어나다**：優れている　**적**：敵

3 **신분**：身分　**제도**：制度　**출세하다**：出世する

4 **당나라** (唐--)：唐。中国の王朝 (618〜907年)

⁵ 이렇게 생각한 장보고는 당나라로 떠났다. 당나라는
[이러케] [생가칸]
신라보다는 **개방적**이었다. 당나라에서 장보고는 어느 정
도 성공을 **거두어**, 군대의 **장교**가 되었다. 그리고 일본
과 당나라 사이에서 무역도 했다. 이를 '**삼각**무역'이라
                                              [삼강무여기라]
한다.

⁶ 그런데 **해적**에게 잡혀 와 **노예**로 팔리는 신라 사람들
              [자펴]
이 당나라에 많은 것을 보고 장보고는 충격을 받았다.

⁷ "아니, 신라 사람 아닙니까? 이게 무슨 일입니까?"
                                    [무슨 니림니까]

⁸ "살려 주십시오. 해적에게 잡혀 왔습니다."

⁹ 장보고는 신라로 달려갔다. 더 이상 해적이 신라 사람
을 **잡아가지** 못하게 하겠다고 왕에게 말했다. 왕은 그
     [모타게]
에게 **군사**를 주었다. 장보고는 **이윽고** 해적을 완전히
소탕했다. 무역도 **번성했다.** 장보고의 **세력**이 강해졌다.

¹⁰ 그러나 신라 **왕위**를 **둘러싼** 싸움으로 **염장**에게 **살해**
되어 장보고의 시대는 끝나게 되었다.
                         [끈나게]

⁵ このように考えた張保皐は唐へとたった。唐は新羅よりは開放的であった。唐で張保皐はある程度成功を収め、軍の将校になった。そして日本と唐との間で貿易も行った。これを「三角貿易」という。

⁶ ところが海賊に捕まり奴隷として売られる新羅の人々が唐に多いことを見て、張保皐は衝撃を受けた。

⁷「おや、新羅の人じゃないですか。これはどうしたのですか」

⁸「助けてください。海賊に捕まりました」

⁹ 張保皐は新羅へ駆け付けた。これ以上海賊が新羅人をさらっていくことができないようにすると、王に言った。王は彼に兵士を与えた。張保皐はやがて海賊を完全に掃討した。貿易も繁盛した。張保皐の勢力が強くなった。

¹⁰ しかし新羅の王位を巡る争いで、閻長に殺害され、張保皐の時代は終わった。

---

⁵ 개방적：開放的　거두다：収める　장교：将校　삼각：三角

⁶ 해적：海賊　노예：奴隷

⁹ 잡아가다：捕まえていく、連行する　군사 (軍士)：兵士、軍人　이윽고：やがて、程なくして　소탕하다 (掃蕩--)：掃討する　번성하다：繁盛する、繁栄する　세력：勢力

¹⁰ 왕위：王位　둘러싸다：取り囲む　염장 (閻長)：新羅の武将。張保皐の部下だったが、後日、勢力争いから外された張保皐を暗殺した　살해되다：殺害される

7 한국의 3대 악성

TR07

왕산악, 우륵, 박연

1   한국에는 3대 악성이 있다. **거문고**를 만든 고구려의 왕산악, **가야금**을 만든 신라의 우륵, 그리고 **악보**를 만
[실라]
든 조선의 박연이다.

2   고구려 **재상** 왕산악은 거문고 **제작자**이자 연주자였
[연
는데, 거문고는 **오동나무**와 **밤나무**를 붙여서 만든 **울림**
는데]   [부처서]
통에 **명주실**을 **꼬아** 만든 6줄을 매고 **술대**로 쳐서 음을
[술때]
내는 악기이다. 깊고 **웅장한** 소리가 **학식** 있는 **선비**들의
[학씨 긴는]
사랑을 받았다. 거문고를 만들어 작곡한 곡을 사람들
[작꼬칸]
앞에서 **선보일** 때 검은 **학**이 날아와 춤을 추었다 해서
현학금, 현금이라고도 불렸다.

韓国の三大楽聖
王山岳 (ワンサナク)、于勒 (ウルク)、朴堧 (パギョン)

왕산악, 생没年不詳。高句麗の人。4世紀ごろに活躍した。
우륵, 생没年不詳。伽耶、新羅の人。6世紀ごろに活躍した。
박연、1378〜1458年。朝鮮時代前期の14〜15世紀にかけて活躍した。

[1] 韓国には三大楽聖がいる。コムンゴを作った高句麗の王山岳、伽耶琴を作った新羅の于勒、そして楽譜を作った朝鮮王朝の朴堧である。

[2] 高句麗の宰相、王山岳は、コムンゴ製作者であると同時に演奏者でもあったのだが、コムンゴはキリと栗の木を組み合わせて作った共鳴胴に絹糸をよって作った6本の弦を掛け、ばちではじいて音を出す楽器である。深く雄壮な音は、学識のあるソンビたちに愛された。コムンゴを作り、作曲した曲を人前で披露するとき、黒い鶴が飛んできて舞ったため、玄鶴琴、玄琴とも呼んだ。

・・・

악성：楽聖。聖人と呼ばれるほどに秀でた音楽家のこと

[1] 거문고：コムンゴ。韓国の伝統楽器　가야금：伽耶琴 (カヤグム)。韓国の伝統楽器　악보：楽譜

[2] 재상：宰相　제작자：製作者　오동나무 (梧桐--)：キリの木。「梧桐」は日本ではアオギリを指すが、韓国では오동がキリ、벽오동 (碧梧桐) がアオギリを指す　밤나무：栗の木　울림통 (--筒)：共鳴胴。音を共鳴させて増幅するために楽器に設けられた空洞　명주실 (明紬-)：絹糸　꼬다：(糸を) よる、(縄を) なう　술대：ばち　웅장하다：雄壮だ　학식：学識　선비：ソンビ。学問を修め礼節を心得た人々に対する呼称　선보이다：披露する、お披露目する　학：鶴

³ **본디** 가야 사람이었던 우륵은 왕을 도와 가야금을 만들고 12곡의 연주곡을 지었다. 이후 신라로 간 뒤, **진흥왕**에게 **발탁돼**, **제자**들에게 가야금과 춤, 노래를 가르쳤다. 진흥왕은 가야금곡을 **궁중**음악으로 지정했다. 이때의 가야금곡은 모두 185곡이 남아 있다.

⁴ 가얏고라고도 하는 가야금은 오동나무에 명주실을 꼬아 만든 12줄을 맨다. 거문고와는 달리 손가락으로
[손까라그로]
뜯어서 연주하는데, 소리가 맑고 부드러워 한국음악 **전**
[말꼬]
반에 이용한다. 주로 **관현합주**로 많이 연주됐으며, 지금도 한국에서 가장 대중적인 **국악기**이다.

³ 元々伽耶の人間だった于勒は、王を助け伽耶琴を作り、12曲の演奏曲を作った。以後、新羅へと渡った後、真興王に抜てきされて弟子に伽耶琴と舞、歌を教えた。真興王は伽耶琴曲を宮中音楽に指定した。この時の伽耶琴曲は、全部で185曲が残っている。

⁴ カヤッコともいわれる伽耶琴は、キリに絹糸をよって作った12本の弦を掛ける。コムンゴとは違い、指で爪弾いて演奏するが、音が澄んでいて柔らかく、韓国音楽全般に使われる。主に管弦合奏として多く演奏されており、今も韓国で最も大衆的な国楽器である。

....

³ **본디** (本-)：本来、元々　**진흥왕**：真興王。新羅の第24代王　**발탁되다** (抜擢--)：抜てきされる　**제자**：弟子　**궁중**：宮中

⁴ **뜯다**：ちぎる、むしり取る、摘む、(楽器を) 爪弾く　**전반**：全般　**관현합주**：管弦合奏、管弦楽　**국악기** (国楽器)：国楽 (韓国伝統音楽) の演奏に使われる楽器

조선 전기의 박연은 악기 **조율**을 정리하고 악보를 만
[정니하고]

든 사람이다. 정확한 **음률**을 기록하고 당시 궁중에서
[정화칸]   [음뉼를]   [기로카고]

조회 음악이었던 **향악**을 **폐하고 아악**으로 **대체해** 궁중

음악을 **개혁했다.** 그의 고향 **영동**에서는 지금도 박연을
[개혀캗따]

기리는 '난계 국악 축제'가 열린다.

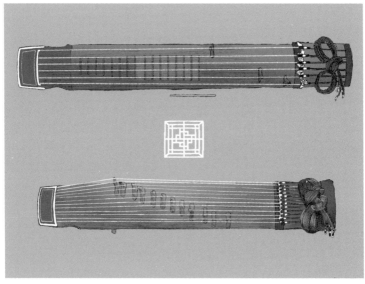

上がコムンゴ、下が伽耶琴

⁵朝鮮時代前期の朴堧は、楽器の調律を整理して楽譜を作った人物である。正確な音律を記録して、当時の宮中において朝会音楽であった郷楽を廃し、雅楽へと切り替え、宮中音楽を改革した。彼の故郷の永同では、今も朴堧をたたえる「蘭渓国楽祭」が開かれる。

⁵ 조율：調律　음률：音律　조회：朝会、朝見。官吏が王に謁見すること　향악：郷楽
폐하다：廃する　아악：雅楽　대체하다：代替する、取り替える　개혁하다：改革する
영동：永同。忠清北道永同郡　기리다：たたえる

8 고려를 세운 왕

태조 왕건

¹ 한반도의 900년대, 강원, 경기를 중심으로 한 **중부**에
[구뱅년대]
는 **애꾸눈** 궁예가, 후백제 지역은 견훤이 **세력**을
장악하고 있었다. 또한 **서라벌** 지역에는 신라가 **버티고**
[장아카고]   [실라]
있었다. **이들**은 모두 한반도의 통일을 꿈꾸었다.

² 왕건은 이들 중 궁예의 밑에서 **명장**으로 **이름을 날렸**
다. 그러다가 **독단적**이고 **난폭한** 성격 때문에 점점 **고립**
[난포칸]   [성격]
되어 백성과 부하들의 **외면**을 받던 궁예를 죽이고 새로
운 나라를 열었다. 왕건은 고구려를 **계승하는** 뜻으로
국호를 고려라 했다. 918년의 일이다.
[구코]   [구백 십팔려네]

³ 왕건은 가장 **우선적**으로 **민심**을 생각했다. **토지제도**
[생가캔따]
를 **바로잡고,** 궁예가 **가혹하게 징수했던 조세**를 줄였다.
[가호카게]
불교를 나라의 **신앙**으로 **삼아** 각지에 절을 세우기도 했
다.

高麗を建てた王
太祖王建 (テジョワンゴン)

877〜943年。高麗の初代国王 (在位918〜943年)。高麗建国後、首都を松岳 (開城の別称) に移し、仏教を信仰した。新羅と後百済を合併し朝鮮半島を統一した。

1 朝鮮半島の900年代、江原、京畿を中心にした中部には隻眼の弓裔が、後百済地域は甄萱が勢力を掌握していた。また徐羅伐地域では新羅が持ちこたえていた。彼らは皆、朝鮮半島の統一を夢見ていた。

2 王建は彼らのうち、弓裔の下で名将として名をはせた。そうするうちに、独断的で乱暴な性格のために徐々に孤立して民と部下たちの信頼を失った弓裔を殺し、新しい国を建てた。王建は高句麗を継承する意味から国号を高麗とした。918年のことである。

3 王建は最も優先的に民心を考えた。土地制度を正し、弓裔が過酷に徴収した租税を減らした。仏教を国の信仰とし各地に寺を建てたりもした。

---

1 중부:中部　애꾸눈:片目が見えないこと、隻眼　세력:勢力　장악하다:掌握する　서라벌 (徐羅伐):新羅の首都。今の慶尚北道慶州　버티다:耐える、持ちこたえる　이들:この人たち、これら

2 명장:名将　이름을 날리다:名をはせる　독단적:独断的　난폭하다:乱暴だ　고립되다:孤立する　백성 (百姓):民、民衆　외면 (外面):そっぽを向くこと、信頼しないこと　계승하다:継承する　국호:国号

3 우선적:優先的　민심:民心　토지:土地　제도:制度　바로잡다:正す　가혹하다:過酷だ　징수하다:徴収する　조세:租税　신앙:信仰　삼다:〜とする、〜と見なす

⁴ 신라 **호족**의 **반발**을 막기 위해 그들의 수많은 딸들을 아내로 삼았다. 이들의 수가 **무려** 29명이었다. 신라와는
[스물 아홉명]
친선의 관계를 이어갔다.

⁵ 919년에 **도읍지**를 송악 (개성) 으로 옮겼으며, 후백제 와 싸워 이기고, 신라를 **흡수하면서** 한반도를 통일했다. 왕건은 **후덕한 인품**과 **덕치**를 **바탕**으로 한 **존경받는** 왕
[후더칸]   [손경반는]
이었다.

⁴新羅の豪族の反発を防ぐために、彼らの多くの娘たちを妻に迎えた。その数、実に29人であった。新羅とは親善関係を続けていった。

⁵919年に首都を松岳（開城）に移し、後百済との戦いに勝ち、新羅を吸収して朝鮮半島を統一した。王建は厚徳な人柄と徳による政治を基礎とした、尊敬される王であった。

---

⁴ **호족**（豪族）：豪族　**반발**（反撥）：反発　**무려**（無慮）：（数の多さに対して感嘆の意を込めて）実に　**친선**：親善

⁵ **도읍지**（都邑地）：都、首都　**흡수하다**：吸収する　**후덕하다**（厚徳--）：徳が厚い、厚徳だ　**인품**（人品）：人柄　**덕치**（徳治）：武力によらず、君主の徳によって政治をすること　**바탕**：土台、基礎　**존경받다**：尊敬される

9 충신의 상징

정몽주

1 이 몸이 죽고 죽어 / 일백 번 고쳐 죽어 / **백골**이 **진토**되어 / **넋**이라도 있고 없고 / **님** 향한 **일편단심**이야 / 가실 줄이 **있으랴**
[가실 쭈리]

2 고려의 마지막 충신 정몽주의 마음을 나타내는 시 〈단심가〉는 그의 상징과도 같다. 왜 **그런가** 하면, 이성계의 아들인 이방원이 고려를 **무너뜨리고** 새 **왕조**를 세우는 데 **함께하자며** 〈하여가〉를 지어서 그의 마음을 떠보았는데, 이에 **대한** 답으로 지은 시이기 때문이다.
[떠보안는데]

3 고려 말, 나라가 **기울어 망해** 가고, 다른 **신하**들은 이성계를 새 왕으로 세우려고 하는데 정몽주는 끝까지 고려를 **배신하지** 않겠다는 의지를 보인 것이다. **시구** 속
[안켇따는] [시꾸 쏘게]
의 '님 향한 일편단심'은 고려를 향한 마음의 표현이다.

忠臣の象徴
鄭夢周 (チョンモンジュ)

1338〜1392年。高麗末期の儒学者、役人。高麗第31代王恭愍王 (在位1351〜1374年) の時代に科挙に合格して役人となり、明との国交樹立に貢献するなど多くの功績を立てる。クーデターを起こして国を建てようとする李成桂の一派と対立した。

1 この体が死んで死んで ／ 百回さらに死んで ／ 白骨がちりや土となり ／
魂もあろうとなかろうと ／ 主君への真心が ／ なくなることがあろうか

2 高麗の最後の忠臣鄭夢周の気持ちを表す詩「丹心歌」は、彼の象徴のようなものだ。なぜなら、李成桂の息子である李芳遠が高麗を倒して新しい王朝を一緒に建てようと「何如歌」を作って彼の気持ちを探ったのだが、それに対する答えとして作った詩だからだ。

3 高麗末、国が傾いていき、他の家臣は李成桂を新しい王にしようとするが、鄭夢周は最後まで高麗を裏切らないという意志を見せたのだ。詩の中の

....

충신：忠臣　　상징：象徴
1 백골：白骨　　진토 (塵土)：ちりと土、取るに足らない物　　넋：魂　　님：主、主人。また転じて、慕う人のことを指す。頭音法則により現代では임の形になることもある　　일편단심：一片丹心。変わらない真心のこと　　가시다：去る、失せる　　-으랴：〜するだろうか
2 -ㄴ가：〜なのか　　무너뜨리다：倒す、崩す　　왕조：王朝　　-자며：〜しようと言いながら　　대하다：対する
3 기울다：傾く　　망하다 (亡--)：滅びる　　신하：臣下　　배신하다：裏切る、背信する　　시구：詩句、詩

4　정몽주는 공민왕 때 **과거**시험에서 **장원**을 하면서 **벼**

슬길에 올랐고, 일본이나 **명나라 사신**으로 **활약하였으며**
슬끼레]　　　　　　　　　　　　　　　　[화랴카여쓰며]

후일 대제학이라는 높은 **관직**을 맡았다. 한편으로는 이

성계가 점차 **이름을 날렸는데**, 그가 왕이 되려 **하므로**

대립하였다.
[대리파엳따]

5　**훗날** 조선 태종이 된 이방원이 보낸 **자객**에게 목숨을
[훈날]

잃었다. 정몽주가 죽은 다리가 저 유명한 선죽교이다.

선죽교는 그가 죽던 날 다리 옆에 **대나무가 솟아났다고**

하여 붙인 이름이고, 대나무는 **꼿꼿한** 정신을 상징한다.
[부친]　　　　　　　　　　　[꼳꼬탄]

「主君への真心」は高麗への気持ちの表現だ。

4 鄭夢周は恭愍王の時に科挙試験で首席で合格して役人の道に就き、日本や明への使者として活躍し、後日大提学という高い官職を引き受けた。一方では李成桂が次第に名を上げたが彼が王になろうとするので対立した。

5 後日、朝鮮の太宗となった李芳遠が送った刺客により命を落とした。鄭夢周が死んだ橋があの有名な善竹橋だ。善竹橋は彼が死んだ日、橋の横に竹の木が生えたということで付いた名前で、竹の木は真っすぐな精神を象徴する。

---

4 과거：科挙　장원(状元)：科挙に首席で合格すること、また合格した人　벼슬길：役人の道　명나라(明--)：明。中国の王朝(1368〜1644年)　사신：使臣、使者　활약하다：活躍する　후일：後日　대제학：大提学　관직：官職　이름을 날리다：名をはせる、名を上げる　-므로：〜するので、〜するため　대립하다：対立する

5 훗날(後-)：後日、後に　자객：刺客　대나무：竹の木　솟아나다：吹き出す、湧き上がる、飛び出す　꼿꼿하다：真っすぐだ

第2章

近世前期（15〜16世紀）

10 명신의 대명사

황희

¹ 황희는 한국인이 오늘날까지 **존경하는 재상**이다. **청**
[오늘랄]   [청

백리이며, **원칙과 소신**을 지녔으면서 **너그러움**을 함께 **갖**
뱅니]

춘 인물이었다.

² 정치에서는 **강직하여 직언**을 **서슴지** 않았다. 일례로,
[강지카여]   [서슴찌]

세종이 **즉위하기** 전, 세종의 형인 **양녕대군**이 세자의 자

리에서 **폐위될 위기**에 **처하자**, 황희는 죽음을 **무릅쓰고**

폐위의 **부당함**을 **호소했다**. 양녕의 **사람됨**과 정치적 **역**
                                          [정치정 녕

량을 높이 샀기 때문이다. **이로 인해 유배**를 가게 되었
냥]

지만 **훗날 임금**의 자리에 오른 세종이 그를 다시 불러
    [훈날]

재상으로 **중용했다**.

³ **공무 집행** 태도의 **청렴함**은 많은 기록이 있는데 **사사**
    [지팽]   [청녀마믄]   [인는데]

로운 차 한 잔이나, 단 한 **모금**의 술도 **용납하지** 않았고,
                              [용나파지]

관리들에게 원칙에 따른 **직무 수행**을 요구했다고 전해
[괄리]   [징무]

名臣の代名詞
黄喜（ファンヒ）

1363〜1452年。高麗の開京（現在の開城）に生まれる。1389年に科挙に及第し、高麗の官吏となる。その後の朝鮮王朝では官職の最高位である領議政まで昇進し、1449年に引退する。清廉潔白な官吏として広く知られる。

1 黄喜は、韓国人が今に至るまで尊敬している宰相である。清廉な官吏であり、原則と所信を持ちながらもおおらかさを兼ね備えた人物であった。

2 政治においては剛直で、直言をためらわなかった。一例として、世宗が即位する前、世宗の兄である讓寧大君が世子から廃位される危機に立たされると、黄喜は死を賭して廃位の不当性を訴えた。讓寧の人となりと、政治的力量を高く買っていたためである。これにより流刑に処せられることとなったが、後に王の座に就いた世宗が彼を呼び戻し、宰相として重用した。

3 公務執行態度の清廉さは多くの記録があるが、私的な茶の1杯や、たった

....

1 존경하다：尊敬する　재상：宰相　청백리（清白吏）：清廉潔白な官吏　원칙：原則
소신：所信　너그러움：おおらかさ　갖추다：持っている、備える

2 강직하다：剛直だ　직언：直言　서슴다：ためらう、はばかる　즉위하다：即位する　양녕대군：讓寧大君。世宗の兄で、本名を李禔（이제）という。奔放な行動により、世子（王位継承者）から廃位された後、讓寧大君に封ぜられた　세자：世子。王世子ともいう。王位継承者の称号　폐위되다：廃位される　위기：危機　처하다（処--）：（ある状況に）置かれる、直面する　무릅쓰다：冒す、押し切る。死を 무릅쓰고で「死を賭して、命を懸けて」という意味　부당함：不当であること、不当性　호소하다（呼訴--）：訴える　사람됨：人となり　역량：力量　이로 인해（-- 因-）：これにより　유배（流配）：配流、流刑　훗날

진다.

4   황희에 관한 **일화** 중 가장 유명한 한 가지가 있다. 어느 날, 집 마당에서 **다투는** 소리가 나기에 이유를 물으니,
[짐 마당]
여종 하나가 "**아무개가** 저와 이러저러한 이유로 싸웠습니다. 아무개는 아주 나쁜 **년입니다.**"라고 했다. 황희는 "그래, 네 말이 옳다."라고 했다. 다른 여종도 아까
[올타]   [다른 녀종]
와 똑같은 말을 했다. **그러자** 황희는 이번에도 "그래, 네 말이 옳다."라고 했다. 이를 지켜본 사람이 "두 사람의 말을 듣고 다 옳다고 하시니, 도대체 어느 것이 옳은 것입니까? 제 생각에는 저 사람이 틀리고 저 사람이 **옳은 듯합니다.**"라고 했다. 그러자 황희는 또 "그래, 네 말이
[드탐니다]
옳다."라고 했다.

5   이 일화에서 황희는 세상의 일을 한쪽으로 **치우쳐서** 보지 않아야 한다는 **교훈**을 남겼다. 이는 다른 사람의 **입장**을 충분히 **헤아려야** 한다는 뜻이기도 하다.

ひと口の酒も容認せず、官吏たちに原則に沿った職務遂行を要求したと伝えられる。

4 黄喜に関する逸話の中で最も有名な、とある話がある。ある日、家の庭から言い争う声がしたので理由を聞くと、下女の一人が「誰それが、私とこれこれの理由でけんかしました。誰それはとても悪い女です」と言った。黄喜は「うん、おまえが正しい」と言った。他の下女も、先ほどとまったく同じことを言った。すると黄喜はここでも「うん、おまえが正しい」と言った。これを見ていた人は「二人の言い分を聞いてどちらも正しいとおっしゃいますが、いったいどちらが正しいのですか？ 私の考えでは、あの者が間違っておりあの者が正しいように思います」と言った。すると黄喜はまた「うん、おまえが正しい」と言った。

5 この逸話で黄喜は、世の出来事を一方に偏って見てはならないという教訓を残した。これは、他の人の立場を十分に理解しなければならないという意味でもある。

．．

（後-）：後日、後に　임금：王、君主　중용하다：重用する

3 공무：公務　집행：執行　청렴함：清廉さ　사사롭다 (私私--)：私的だ、個人的だ
모금：一度に口に含むことのできる量。한 모금で「ひと口」の意味　용납하다 (容納--)：広い心で受け入れる、容認する、許す　관리：官吏　직무：職務　수행：遂行

4 일화：逸話　다투다：言い争う、けんかする　여종 (女-)：女の召使い。종は「召使い」という意味　아무개：誰それ、なにがし。人物を特定せず呼ぶ言い方　년：女性をののしって言う言葉　그러자：すると、そうすると　-은 듯하다：～なようだ、～に見える

5 치우치다：偏る　교훈：教訓　입장：立場　헤아리다：察する、おもんぱかる

11 숙주나물이 된 학자

신숙주

1 "숙주나물은 잘 **쉰다**". 쉽게 변한다는 이미지가 강하다. 원래는 '**녹두나물**'이었던 이 나물의 이름은 조선 **세조** 시대를 **거치면서** 숙주나물로 바뀌었다. 이는 **문신**인 신숙주의 이름에서 **유래했다**는 설이 있는데, 신숙주는 오늘날까지 **변절자**의 대명사로 불린다.

[월래]

[인는데]

[변절짜]

2 신숙주는 조선 시대 세종대왕이 훈민정음을 **창제할** 때 **참여한** 학자이며 **뛰어난** 이해력을 **바탕**으로 언어적 **소질**을 **발휘했다고** 전한다. **외교**와 **국방** 분야에서 **뚜렷한 발자취**를 남기기도 했다. 세조실록, 예종실록 같은 역사서의 **편찬**에 참여하고, 동국통감 편찬을 **주도했다**. 동국통감은 **단군조선**부터 고려 말까지의 역사를 기록한 **사서다**. 외교적 **안목**으로 '해동제국기'를 **집필하기도** 했는데, 해동제국기에는 일본의 **지형**과 **풍속**, 정치 세력

[뚜려탄]

[기로칸]

[핸는데]

叔舟もやしとなった学者
申叔舟 (シンスクチュ)

1417～1475年。朝鮮時代初期の政治家。首陽大君が起こした宮廷クーデター（癸酉靖難）に際し、首陽大君を支持する側に回ったため長らく否定的に評価されることが多かったが、数々の功績を残した優秀な政治家であると見直す向きもある。

1 「叔舟もやしはよくすえる」。簡単に変わるというイメージが強い。元々は「緑豆もやし」だったこの野菜の名前は、朝鮮王朝世祖時代を経て叔舟もやしに変わった。これは、文臣である申叔舟の名前に由来しているという説があり、申叔舟は今日まで変節漢の代名詞として呼ばれる。

2 申叔舟は朝鮮時代、世宗大王が訓民正音を創製する時に関わった学者であり、優れた理解力を基に言語的素質を発揮したと伝えられる。外交と国防分野で著しい足跡を残しました。世祖実録、睿宗実録などの歴史書の編さんに関わり、東国通鑑の編さんを主導した。東国通鑑は、檀君朝鮮から高麗末までの歴史を記録した史書だ。外交的な目で「海東諸国

1 **쉬다**：（食べ物が）すえる　**녹두**：緑豆　**세조**：世祖。朝鮮王朝第7代国王。第4代国王である世宗大王の第2王子。即位前は首陽大君に冊封されており、この名でも有名　**거치다**：経る、経由する　**문신**：文臣、文官　**유래하다**：由来する　**변절자**：変節者、変節漢。主義主張を変える者のこと

2 **창제하다**：創製する、作り出す　**참여하다** (参与--)：参加する、関わる　**뛰어나다**：優れている　**바탕**：土台、基礎　**소질**：素質　**발휘하다**：発揮する　**외교**：外交　**국방**：国防　**뚜렷하다**：明らかだ、はっきりしている、著しい　**발자취**：足跡　**편찬** (編纂)：編さん、編集　**주도하다**：主導する　**단군조선**：檀君朝鮮。朝鮮半島に初めて興ったとされる国家　**사서**：史書、歴史書　**안목** (眼目)：見る目、見識、視野　**집필하다**：執筆する　**지형**：地

들의 사정, **병력**의 정도, 외교 **절차** 등이 **상세히** 기록되
[병녀게]
어 있다. 15세기 한일외교사 연구에 소중한 자료로 **평**
[평
가받는다. 뿐만 아니라 일본 산천의 **요충지**를 **표시한**
까반는다]
지도를 만들기도 하였다.

3 　일생 동안 세종 때부터 문종, 단종, 세조(수양대군),
[일쌩 똥안]
예종, 성종에 이르기까지 여섯 명의 주군을 모시는 **신하**
[여선 명]
로 살았다. 세종 이후에 문종이 **왕위**에 올랐으나 일찍

세상을 떠났고, 이어서 어린 단종이 **즉위하였는데** 수양

대군이 조카인 단종을 **내쫓고** 왕의 자리를 **빼앗았다.**

일찍이 수양대군과 **친밀하였던** 신숙주는 다른 동료들이
[동뇨]
단종을 **복귀시키고자** 목숨을 **바칠** 때 수양대군을 도왔

으며, **영의정**에 올라 **오래도록 부귀영화**를 **누렸다.** 신숙

주가 변절자라는 오명을 쓴 이유가 여기에 있다. 그러나

세조의 편에 섰다는 이유로 **업적마저 평가 절하** 되는 것
[업쩡마저] 　 [평까]
이 **마땅한지**에 대해 **이견**을 보이는 사람도 있다.

紀」を執筆したりもしており、海東諸国紀には日本の地形や風俗、政治勢力などの事情、兵力の程度、外交手続きなどが詳細に記録されている。15世紀の日韓外交史研究において貴重な資料と評価されている。それだけでなく、日本の山川の要衝の地を示した地図を作ってもいる。

3 一生の間に、世宗の時から文宗、端宗、世祖（首陽大君）、睿宗、成宗に至るまで、6人の主君に仕えた臣下として生きた。世宗以後に文宗が王位に就いたが早くに世を去り、続いて幼い端宗が即位したが、首陽大君がおいの端宗を追い出して王の座を奪った。以前から首陽大君と親密だった申叔舟は、他の同僚が端宗を復帰させようと命をささげている時に首陽大君を助け、領議政の地位に就き、長きにわたり富貴栄華を享受した。申叔舟が変節漢という汚名を着せられている理由がここにある。しかし、世祖の味方についたという理由で業績すら評価が下がるというのは適切なのかについて、異議を唱える人もいる。

形　風俗：風俗　병력：兵力　절차（節次）：手続き、手順　상세히：詳細に　평가받다：評価される　요충지（要衝地）：要衝　표시하다（標示--）：（印を付けて）示す

3 신하：臣下　왕위：王位　즉위하다：即位する　내쫓다：追い出す　빼앗다：奪う　일찍이：以前、以前から　친밀하다：親密だ　복귀시키다：復帰させる　-고자：〜しようと　바치다：ささげる　영의정：領議政。朝鮮王朝の最高官職　오래도록：長らく、長い間　부귀영화：富貴栄華。富と地位を極め、華やかに栄えること　누리다：享受する、（幸せなどに）恵まれる、（栄華を）極める　업적：業績　〜마저：〜までも、〜さえも　평가 절하（平価 切下）：平価切り下げ。経済用語で、通貨の価値を引き下げること。転じて、物事の価値を下げること　마땅하다：適切だ、ふさわしい　이견：異見、異なる見解

TR12

장영실

　　장영실은 15세기의 과학자입니다. 그가 남긴 가장 큰

족적이라면 자격루라는 **물시계**를 제작한 점입니다. 물시
　　[자경누]　　　　　[물씨게]　　[제자칸]
계를 **발명하기** 전까지 **해시계**를 이용했지만 여러 불편함

이 있었고, 기존의 중국식 물시계는 사람이 늘 지켜봐야
　　　　　　　[중국씽 물씨게]
하는 문제 등이 있었습니다. 당시의 **임금**인 **세종대왕**은

자동으로 움직이는 물시계를 **개발하고** 싶었습니다. 그

런데 세종대왕의 생각에 **적합한** 인물이 장영실이었던
　　　　　　　　　　　　[저카판]
것입니다.

朝鮮の科学者
蒋英実 (チャンヨンシル)

1390〜1450年ごろ。朝鮮王朝第4代王世宗の時代の科学者。身分は低かったが優れた技術
力で世宗に抜てきされ、天文器具について学ぶ。その後、多数の科学器具を開発、製作。朝
鮮半島初の自動水時計である自撃漏、世界初の雨量計である測雨器を開発した。

[1] 蒋英実は15世紀の科学者です。彼が残した最も大きい足跡といえば、自
撃漏という水時計を製作した点です。水時計を発明する前まで日時計を
利用したのですが、いろいろな不便がありましたし、既存の中国式水時計
は、常に人が見守らなければならない問題などがありました。当時の王、
世宗大王は自動で動く水時計を開発したかったのです。そこで世宗大王
の考えにかなう人物が蒋英実だったのです。

....

[1] 足跡：足跡　物時計：水時計　発明する：発明する　解時計：日時計　임금：王　세종
대왕 (世宗大王)：朝鮮王朝第4代王 (在位1418〜1450年)　開発する：開発する　適合
する：適合している、適している

2 장영실은 세종의 바람대로 자동 물시계를 만들었습니다. 세종은 이 물시계와 **천체**의 **운행**을 관찰하는 혼천의를 **결합해 절기**에 따른 태양의 위치를 **측정하고자**
[겨라패]
했습니다. 이를 이용한다면 **농사**를 짓는 **백성**들이 절기
[진는]
를 **적절히** 이용할 수 있게 되는 것이었습니다.
[이용할 쑤]
3 또한 1441년 세계 최초의 **우량계**인 측우기와 **수표**를
[천사백 사시빌련]
발명해 **하천**의 **범람**을 미리 알 수 있게 했습니다.
[범나믈]

² 蔣英実は世宗の望み通り、自動水時計を作りました。世宗はこの水時計と天体の運行を観察する渾天儀を結合し、節気ごとの太陽の位置を測定しようとしました。これを利用すれば、農作をする民が節気を適切に利用できるようになるのでした。

³ また1441年、世界初の雨量計である測雨器と水標を発明し、河川の氾濫をあらかじめ知ることができるようにしました。

．．

² **천체**：天体　**운행**：運行　**결합하다**：結合する　**절기**：節気　**측정하다**：測定する
　-고자：～しようと　**농사**（農事）：農業　**백성**（百姓）：民、民衆　**적절히**：適切に

³ **우량계**：雨量計　**수표**（水標）：河川の水位を測定するために設置したもの　**하천**：河川
　범람：氾濫

⁴ 사실 장영실은 **신분**이 낮았습니다. 그의 **조상**은 **원나라** 출신의 **귀화자**였고 어머니는 **기녀**였습니다. 그의 조상들은 고려 때부터 **대대로** 과학기술 분야의 높은 **관직**에 있었으나 어머니가 기녀였기 때문에 장영실의 신분도 낮을 수밖에 없었습니다. 그러나 세종대왕은 그를 높이 평가했습니다. 또한 그의 **인품**을 **칭찬했습니다.**

[출씨네]

[평까핸씀니다]

⁵ 그러다 실수로 관직에서 **물러났는데**, 이후 **행적**은 알려지지 않았습니다. 그는 완전히 사라졌습니다.

[실쑤]　　　　　　　　[물러난는데]

⁴ 実は、蔣英実は低い身分でした。彼の祖先は元の出身の帰化者で、母
親は妓女でした。彼の祖先たちは高麗の時から代々、科学技術分野の高
い官職にありましたが、母親が妓女だったので蔣英実の身分も低くなるし
かありませんでした。しかし世宗大王は彼を高く評価しました。また、彼
の人柄を称賛しました。

⁵ そうするうちに失敗を犯し官職から外されたのですが、その後の行方は知
られることはありませんでした。彼は完全に消え去りました。

----

⁴ 신분：身分　조상 (祖上)：先祖　원나라 (元--)：元。中国とモンゴル高原を中心とした
領域を支配した中国の王朝 (1271～1368年)　귀화자 (帰化者)：帰化人　기녀：妓女
대대로：代々　관직：官職　인품 (人品)：人柄　칭찬하다：称賛する

⁵ 물러나다：退く　행적：行跡、行い

13 예술가이자 어머니

신사임당

1 한국 역사에서 **존경받는** 여성이라면 누가 있을까요?
[한궁 녁쌔]   [존경반는]
한반도 최초의 여왕인 신라 시대의 선덕여왕, 선덕여왕
[실라]
다음으로 **왕위**에 오른 진덕여왕, 조선 시대 시인인 허난
설헌, 독립운동가인 유관순, 그리고 신사임당 등을 **꼽을**
[동니분동가]   [꼬블]
수 있겠습니다. 이 중에서도 가장 대중에게 **친숙한** 인물
쑤]   [친수칸]
은 **어쩌면**, 5만 원권 **지폐**에 나오는 신사임당이 아닐까
[오마 뉜꿘]
합니다.

2 사임당은 **뛰어난** 작품을 남긴 **천재 화가**이며 시인인
데, **자녀**들을 훌륭하게 키운 어머니로도 유명합니다.
2017년에는 그를 주인공으로 한 드라마 '사임당 빛의
[이천 십칠려네는]
일기'가 **방영되기**도 했습니다. 사임당 역에 이영애, 그의
연인 역에 송승헌이 캐스팅되어 큰 **화제**였지요. 내용은
대부분 **허구**에 지나지 않지만, 사임당이 **소재**라는 점만
[안치만]

芸術家であり母
申師任堂 (シンサイムダン)

1504〜1551年。朝鮮時代の画家、詩人。本名は伝わらず、号の師任堂で広く知られる。幼い頃
から学問に親しみ、絵画、書芸、詩などの芸術や、刺しゅう、裁縫にも秀でていた。

1 韓国の歴史で尊敬される女性といえば、誰がいるでしょうか？　朝鮮半島
最初の女王である新羅時代の善徳女王、善徳女王の次に王位に就いた
真徳女王、朝鮮時代の詩人許蘭雪軒、独立運動家柳寛順、そして申師
任堂らを挙げられるでしょう。この中でも、最も大衆に親しい人物は誰か
といえば、5万ウォン札紙幣に出てくる申師任堂ではないかと思います。

2 師任堂は優れた作品を残した天才画家であり詩人ですが、子どもを立派
に育てた母親としても有名です。2017年には彼女を主人公にしたドラマ
「師任堂、色の日記」が放映されたりもしました。師任堂役にイ・ヨンエ、
彼女の恋人役にソン・スンホンがキャスティングされて大きな話題でした。

1 존경받다：尊敬される　　왕위：王位　　꼽다：指を折って数える。数ある中から上位のもの
を選び、挙げる意味でも用いる　　친숙하다 (親熟--)：とても親しい、よく知っている　　어쩌
면：もしかすると、ひょっとすると　　지폐：紙幣

2 뛰어나다：優れている　　천재：天才　　화가：画家　　자녀：子女、子ども　　방영되다：放映
される、放送される　　연인：恋人　　화제：話題　　허구：虚構、フィクション　　소재：素材

으로도 한국 사람들이 드라마에 거는 기대가 매우 컸다는 점이 **이채롭다** 하겠습니다.

3   사임당은 열아홉 나이에 결혼하여, 네 명의 아들과
[여라홉 나이]
세 명의 딸을 두었는데, 셋째 아들 **이이**가 5천 원짜리
[두언는데]
지폐의 인물입니다. 한집안에서 두 명의 **위인**이 지폐의
주인공인 것이지요. 큰딸 이매창 또한 어머니의 **재능**을
물려받은 화가로 **이름을 날렸습니다.** 현재 남아 있는
[인는]
사임당의 그림은 풀과 벌레를 그린 '초충도', 풍경을 그
린 '산수도', 포도를 그린 '묵포도도' 등입니다.

4   한편 사임당의 이름은 알려진 것이 없어, **'당호'** 인 '사
임당'으로 부르며, 강원도 강릉의 **'오죽헌** 박물관'에
[강능]   [오주컨]   [방물관]
사임당과 그 자녀들의 **자취가 전시되어** 있습니다.

内容はほとんどフィクションにすぎませんが、師任堂が素材であるというだけで韓国人がドラマにかける期待がとても大きかったという点が、他とはひと味違うといえます。

3 師任堂は19歳で結婚し、4人の息子と3人の娘を産みましたが、三男の李珥が5000ウォンの紙幣の人物です。一族のうち2人の偉人が紙幣の主人公というわけです。長女李梅窓もまた母の才能を譲り受けた画家として名前をはせました。現在残っている師任堂の絵は、草と虫を描いた「草虫図」、風景を描いた「山水図」、ブドウを描いた「墨葡萄図」などです。

4 一方で、師任堂の名前は伝えられておらず、「号」の「師任堂」と呼び、江原道江陵の「烏竹軒博物館」に師任堂とその子たちの足跡が展示されています。

....

이채롭다 (異彩--)：ひときわ目立っている、他とは違う

3 **이이**：李珥　**위인**：偉人　**재능**：才能　**물려받다**：受け継ぐ、引き継ぐ　**이름을 날리다**：名をはせる

4 **당호**：堂号。「～堂」の名が付く号のこと　**오죽헌**：烏竹軒。申師任堂ならびに息子である李珥の生家　**자취**：跡、足跡　**전시되다**：展示される

14 마녀 같은 여걸

정난정

1 정난정은 **신분**이 낮은 여자였습니다. 신분이 낮은 **여인**이 할 수 있는 일은 **한계**가 있었습니다. 어떻게 해서
[할 쒸] [인는 니른] [어떠케]
든 신분 **상승**을 하고 싶은 정난정은 당시 **권력자인 문**
[궐력짜]
정왕후의 남동생 윤원형에게 **접근했습니다.** 정난정은 그의 **첩**이 되었습니다.

2 정난정은 문정왕후에게도 접근했습니다. **적을 제거하기** 위해 사실과 다른 말을 했고 문정왕후는 정난정을 믿었습니다. 문정왕후의 힘은 정난정에게도 **권력**이 되었습니다. 그리고 그 권력은 **죄** 없는 사람들에게 죽음을
[엄는]
가져다주었습니다.

魔女のような女傑
鄭蘭貞（チョンナンジョン）

?〜1565年。「天下の悪女」と呼ばれた女傑。当時の権力者であった文定王后の弟である尹元衡のめかけとなり権勢を誇るが、文定王后の死とともに権力を失い自ら命を絶つ。

1 鄭蘭貞は、身分の低い女でした。身分の低い女性ができることには限りがありました。どんなことをしても身分を上げたい鄭蘭貞は、当時、権力者であった文定王后の弟、尹元衡に近づきました。鄭蘭貞は彼のめかけになりました。

2 鄭蘭貞は文定王后にも接近しました。敵を取り除くために事実と違うことを吹き込み、文定王后は鄭蘭貞を信じました。文定王后の力は鄭蘭貞にも権力となりました。そしてその権力は罪なき人々に死をもたらしました。

- -

여걸：女傑
1 신분：身分　여인（女人）：女、女性　한계：限界、限り　상승：上昇　권력자：権力者
문정왕후（文定王后）：朝鮮王朝第11代王中宗（在位1506〜1544年）の3人目の王妃
접근하다：接近する　첩（妾）：めかけ
2 적：敵　제거하다：除去する、除く　권력：権力　죄：罪　가져다주다：もたらす、持ってきてくれる

3   정난정은 **정식** 부인이 되고 싶었습니다. 윤원형의 부인 김씨를 **내쫓고** 그의 부인이 되었습니다. 그런데 거기서 그치지 않고 김씨에게 **독**을 **먹여** 죽여 버립니다. 그렇게도 원하던 신분 상승이 **이루어졌습니다.** 돈도 많아졌습니다.
[안코]   [그러케도]

4   그러나 문정왕후의 죽음은 정난정의 **운명**을 또 다시 바꾸었습니다. 남편과 정난정은 **정계**에서 **쫓겨났습니다. 김씨 독살 사건**도 문제가 되었습니다. 결국 정난정은 남편과 함께 독을 먹고 스스로 죽었습니다. 이로써 천하의 **악녀** 정난정의 세상이 끝이 납니다. 죽은 뒤에 다시 그의 신분은 낮아졌습니다.
[사껀]   [양녀]   [끄치]

³鄭蘭貞は正妻になりたいと思っていました。尹元衡の夫人である金氏を追い出し、彼の夫人になりました。しかしそこで終わらず、金氏に毒を飲ませて殺してしまいます。あれほど望んでいた身分の向上を成し遂げました。お金も増えました。

⁴しかし文定王后の死は、鄭蘭貞の運命を再び変えました。夫と鄭蘭貞は政界から追い出されました。金氏毒殺事件も問題となりました。結局、鄭蘭貞は夫と一緒に毒を飲み自ら死にました。こうして天下の悪女、鄭蘭貞の時代は終わりを遂げます。死んだ後、また彼女の身分は下がりました。

‥‥‥

³ 정식：正式　내쫓다：追い出す　독：毒　먹이다：食べさせる、(薬などを)飲ませる　이루어지다：成就する、かなう、成し遂げられる

⁴ 운명：運命　정계：政界　쫓겨나다：追い出される、追われ出る。쫓기다 (追われる) と나다 (出る) からできている　김씨 독살 사건 (金氏毒殺事件)：めかけの立場の鄭蘭貞は、正妻の金氏を追い出し、自分が正妻になったのだが、それにとどまらず金氏に毒を飲ませ殺害したという疑惑を持たれた事件　악녀：悪女

황진이

1   조선 시대의 절세미인 하면 손에 **꼽는** 대표 **삼인방**이
[절쎄미인]   [꼼는]
있습니다. 장희빈, 장녹수, 황진이입니다. 이 중 한 명인
황진이는 **빼어난** 용모에 지식이 많고 시조를 잘 짓는
         [만코]   [진는]
기녀였습니다. 황진이는 화제성이 **큰 만큼** 드라마와 영
      [화제썽]
화 소재로도 자주 다루어졌는데 송혜교, 하지원 등 당
          [다루어전는데]
대의 **내로라하는** 미녀들이 황진이 역할을 맡았습니다.
                       [여카를]

2   황진이가 기생이 된 동기가 있습니다. 15세 무렵, 이웃
                                        [이운
남자가 황진이를 짝사랑하다 **상사병**으로 죽은 일 때문
남자]   [상사뼝]   [주근 닐]
입니다. 이 일로 충격을 받아 스스로 기녀가 되었다고
합니다.

3   훌륭한 글솜씨에, 뛰어난 노래 실력과 아름다운 외모
           [글쏨씨]
를 갖추었으니 한 번이라도 황진이를 본 사람은 **매혹되**
지 않을 수 없었다고 합니다. 명성이 얼마나 **자자했는지**
[아늘 쑤]

朝鮮最高の絶世の美人
黄真伊（ファンジニ）

1506〜1567年ごろ。開城出身。妓名の명월（明月）でも知られる。両班の家系の私生児として生まれ、母親に教育を受ける。詩や書芸、絵画などの芸術に秀でており、その才能と美貌によって、多くの知識人と交流したと伝えられる。

[1] 朝鮮時代の絶世の美人というと名前の挙がる代表3人組がいます。張禧嬪、張緑水、黄真伊です。このうちの一人、黄真伊は抜きん出た美貌に知識が豊富で、時調を作るのが上手な妓女でした。黄真伊は話題性が大きいだけにドラマや映画の素材としてもしばしば取り上げられましたが、ソン・ヘギョ、ハ・ジウォンら当代のそうそうたる美女たちが黄真伊役を引き受けました。

[2] 黄真伊が妓生になった動機があります。15歳の頃、近所の男が黄真伊に片思いしていて、恋煩いで死んだ出来事のためです。このことに衝撃を受け、自ら妓女になったといいます。

[3] 素晴らしい文才に、秀でた歌の実力と美しい美貌を備えていたので、一度でも黄真伊を見た人は魅了される他なかったといいます。名声がどれほど

....

절세미인（絶世美人）：絶世の美人

[1] 꼽다：指を折って数える。数ある中から上位のものを選び、挙げる意味でも用いる　삼인방（三人幇）：3人組　빼어나다：抜きん出ている　기녀：妓女　-ㄴ만큼：〜なだけに、〜な分　내로라하다：われこそはと思う。主に連体形の내로라하는の形で用いる

[2] 상사병（相思病）：恋煩い

[3] 매혹되다（魅惑--）：魅了される　자자하다（藉藉--）：うわさが多くの人の間に広まっている

황진이를 송도삼절의 하나라 부르는데, 송도삼절은 송도(개성의 **별칭**)에서 가장 유명한 세 가지, 박연폭포, 서경덕, 황진이입니다. 서경덕은 황진이가 평생 따랐던 **스승**이며 황진이의 유혹에 **넘어가지** 않은 유일한 남자로 알려져 있습니다.

참고로 황진이의 시조는 한국의 고등학교 과정에서 배웁니다.

広まっていたのか、黄真伊を松都三絶の一つと呼びますが、松都三絶とは
松都（開城の別称）で最も有名な三つ、朴淵瀑布、徐敬徳、黄真伊のこ
とです。徐敬徳は黄真伊が一生従った師匠であり、黄真伊の誘惑に負け
なかった唯一の男として知られています。

ちなみに黄真伊の時調は、韓国の高校の課程で習います。

....

별칭：別称　스승：師、師匠　넘어가다：だまされる、（誘惑に）負ける、（口車に）乗せられ
る

16 조선 최고의 명의

허준

¹ 허준은 한국에서 가장 유명한 **한의사**입니다. 정식으로 **임금**을 치료하는 **어의**가 되기 전 **내의원** 소속이었고, 1575년부터 다른 어의와 함께 **선조** 임금을 치료했는데,
[천 오백 칠씨보년]   [치료핸는데]
그의 치료를 받은 임금의 건강이 아주 좋아져 **상**을 내렸다고 합니다. 이후에는 선조 임금의 아들 광해군의 두창 (**천연두**) 을 치료했는데 치료 효과가 **뛰어나 승진했**
                                        [효꽈]
다는 기록이 있습니다.

² 1592년에 **임진왜란**이 일어났습니다. 선조 임금은 허준을 데리고 **피난**을 갔습니다. **혼란** 중에도 **혼신**의 힘
                              [홀란]
을 **다하는** 허준의 태도에 선조 임금은 매우 **감탄해** 그를 공신으로 **삼았습니다.**

³ 선조 임금은 허준에게 **의학서를** 쓰라고 지시했습니다. 허준은 다른 어의들과 함께 한국형 의서인 '동의보감'
                                        [한구졍]

朝鮮最高の名医
許浚 (ホジュン)

1539～1615年。朝鮮王朝宣祖(第14代王)時代の韓方医。両班の庶子として生まれたが、努力の末、宣祖や王子らの信任を得て侍医となり、医書『東医宝鑑』を16年かけ完成させる。『東医宝鑑』は医学百科として今日も愛用されている。

[1] 許浚は韓国で最も有名な韓方医です。正式に王を治療する侍医になる前、内医院に所属し、1575年から他の侍医と一緒に宣祖王を治療したのですが、彼の治療を受けた王の健康がとても良くなり褒美を与えたといいます。その後は、宣祖王の息子・光海君の痘瘡(天然痘)を治療したのですが、治療の効果が素晴らしく昇進したとの記録があります。

[2] 1592年に文禄・慶長の役が起きました。宣祖王は許浚を連れて避難しました。混乱中でも全力を尽す許浚の態度に宣祖王は大変感心し、彼を功臣としました。

[3] 宣祖王は許浚に医学書を書くように指示しました。許浚は他の侍医らと

....

[1] 한의 (韓医):韓国の東洋医学を指す。古代から発展してきた韓国独自の医学という意味から韓医とされている   임금:王   어의 (御医):侍医   내의원 (内医院):宮の中にあり病気の治療と薬を管掌した官庁   선조 (宣祖):朝鮮王朝第14代王 (在位1567～1608年)   상:賞、褒美   천연두:天然痘   뛰어나다:優れている   승진하다 (昇進--):昇進する

[2] 임진왜란 (壬辰倭乱):文禄・慶長の役のこと   피난:避難。「避難する」は피난하다の他、피난을 가다とも表現する   혼란:混乱   혼신:渾身   다하다:尽くす   감탄하다:感嘆する   공신:功臣。主君などに対し功績を上げた家臣   삼다:～とする、～と見なす

[3] 의학서:医学書

을 **집필하는** 데 힘을 쓰기 시작했습니다. 이후로도 그
[시자캡씀니다]
의 승진은 계속되었습니다.

  4   허준은 선조가 죽은 후, 뒤를 이어 광해군의 어의가

되어 **신임**을 받았습니다. 광해군 곁에서는 주로 의서를

쓰는 시간이 많았습니다. 그 대표적인 것이 '동의보감'

입니다. 1610년, 16년의 연구 끝에 **완성된** 이 책은 모두
[천 육빽 심년] [심늉녀네]
25권 25책으로 된 의학 **백과**이며, 오늘날까지 **애용되고**
[오늘랄]
있습니다.

共に韓国版医書である『東医宝鑑』を執筆するのに力を注ぎ始めました。
その後も彼の昇進は続きました。

許浚は宣祖が死んだ後、引き続き光海君の侍医となり信任を得ました。
光海君の下では、主に、医書を書いて多くの時間を過ごしました。その代
表的なものが『東医宝鑑』です。1610年に、16年間の研究の末に完成し
たこの本は、全25巻25冊から成る医学百科で、今日まで愛用されています。

집필하다：執筆する

신임：信任　**완성되다**：完成する　**백과**：百科　**애용되다**：愛用される

TR17

허난설헌

1 16세기 조선에 스물일곱 해를 살다 간 **뛰어난** 어류
[심늌쎄기]　　　　　[스무릴고 패]
시인이 있었다. 그의 부모는 열린 세계관에 **차별** 없는 교
[차벼 럼는]
육관을 지녔고, 두 오빠는 **당대**의 시인으로 이름을 **떨**
쳤다. 한국의 대표 소설 **홍길동전**을 지은 허균은 그의
[홍길똥저늘]
동생이다.

2 어려서부터 **남다른 문재**를 **자랑했던** 난설헌은 그의
재능을 알아보고 **귀히 여기는** 가족들에 **둘러싸여** 자유
롭게 능력을 펼치며 자라났다. 그러나 그의 **천재성**은 결
[능녀글]　　　　　　　　　　[천재썽]
혼과 함께 불행을 **가져다주었다.**

3 열다섯 살에 **명문가 자제** 김성립과 결혼했는데, 부부
[김성닙]　　　　　[겨로낸는데]
관계가 **썩 순탄하지** 않았다. **재주**는 **평범하고 꽉** 막힌
[꽝 마킨]
사고를 가진 남편은 천재를 부담스러워했고, **보수적인**
시어머니는 지식인 **며느리**를 이해하지 못했다.
[모탠따]

中世の女流詩人
許蘭雪軒（ホナンソロン）

1563～1589年。江原道江陵出身。本名、허초희（許楚姫）。号として난설헌を名乗った。教養
ある両班の一族に生まれてその才能を開花させ、当時の儒教思想による保守的な風潮の中にあっ
て革新的な詩を数多く詠むが、認められず不遇の人生を送る。

1 16世紀の朝鮮に、27年を生きて去った、優れた女流詩人がいた。彼女の
　父母は開かれた世界観に差別のない教育観を持っており、二人の兄は当
　代の詩人として名をはせた。韓国の代表小説『洪吉童伝』を著した許筠は、
　彼女の弟である。

2 幼い頃から並外れた文才を誇っていた蘭雪軒は、彼女の才能を認め大切
　に思う家族に囲まれ、伸び伸びと能力を広げながら育った。しかし彼女の
　天才的才能は、結婚とともに不幸をもたらした。

3 15歳で名家の子息、金誠立と結婚したが、夫婦関係はすんなり順調には
　いかなかった。才能が平凡で凝り固まった思考の持ち主である夫は天才

1 뛰어나다：優れている　　차별：差別　　당대：当代　　떨치다：はせる、とどろかす、響かせる
　홍길동전：『洪吉童伝』。朝鮮時代の大衆小説で、義賊洪吉童の活躍を描く

2 남다르다：並外れている　　문재：文才　　자랑하다：誇る、自慢する　　재능：才能　　귀히
　(貴-)：大切に、尊く　　여기다：思う、感じる　　둘러싸이다：囲まれる、取り囲まれる　　천재
　성 (天才性)：天才的な性質　　불행：不幸　　가져다주다：もたらす、持ってきてくれる

3 명문가 (名門家)：名家　　자제 (子弟)：子息　　썩：物事がうまくいく様子。すっと、さっと
　순탄하다 (順坦--)：道が平坦である、順調である　　재주：才能　　평범하다：平凡だ
　꽉：隙間なく詰まっている様子。ぎゅっと、ぎっちりと　　사고：思考　　보수적이다：保守的だ
　시어머니 (媤---)：しゅうとめ　　며느리：嫁

4   난설헌은 밖으로만 도는 남편을 **그리워하는** 시를 짓기도 했지만, 점차 결혼에 대한 **회의**와 함께 남성 중심 사회에 의문을 **제기하는** 시로 바뀌어 갔다. 또한 현실에 괴로워하며 **신선의 세계를 동경하기도** 했다.

5   난설헌의 불행은 끝없이 **이어졌다.** 아버지의 죽음을
[끄덥씨]
겪고, 돌림병으로 두 아이를 잃었으며, 뱃속의 아이는
[돌림뼝]
유산됐다. 마음을 크게 다친 난설헌은 어느 날 자신의
죽음을 **예언한** 시를 짓는다. 그리고 시에서처럼 스물일
[진는다]
곱 젊은 나이로 **숨을 거두었다.**

6   난설헌은 **유언**으로 자신이 지은 시들을 모두 **불살라
달라고** 했다. **막대한 분량**의 작품이 모두 불타 없어지자
[불량]
이를 **안타깝게** 여긴 동생 허균은 **친정**에 남아 있던 것과
본인이 외우고 있던 누나의 시를 모아 1606년 중국에
[천뇩뺑 늉년]
서 '난설헌집'이라는 문집을 냈다. 이후 1711년에는 일
[천칠백 시빌려네는]
본에서 발간되어 인기를 끌었다.
[인끼]

を疎ましく思い、保守的なしゅうとめは知識人の嫁を理解できなかった。

⁴ 蘭雪軒は、外に出掛けてばかりいる夫を恋しがる詩を詠んだりもしたが、次第に結婚に対する疑いとともに男性中心社会に疑問を提起する詩へと変わっていった。また、現実に苦しみ、神仙の世界に憧れたりもした。

⁵ 蘭雪軒の不幸は果てしなく続いた。父の死を経験し、はやり病で二人の子どもを失い、おなかの中の子は流産した。心に大きな傷を負った蘭雪軒は、ある日自身の死を予言した詩を詠む。そして詩にある通り、27の若さで息を引き取った。

⁵ 蘭雪軒は遺言で、自身が詠んだ詩を全て燃やしてくれと言った。莫大な量の作品が全て燃えてなくなると、これを気の毒に思った弟の許筠は、実家に残っていたものと本人が覚えていた姉の詩を集め、1606年、中国で『蘭雪軒集』という文集を出した。以後、1711年には日本で発刊され、人気を集めた。

....

⁴ **그리워하다**：恋しがる　　**회의**：懐疑、疑い　　**제기하다**：提起する　　**신선**(神仙)：道を修め、世俗を離れて生きる想像上の人。仙人　　**동경하다** (憧憬−−)：憧れる、憧憬を抱く

⁵ **이어지다**：つながる、切れずに続く　　**겪다**：経る、経験する　　**돌림병** (−−病)：はやり病　　**유산되다**：流産する　　**예언하다**：予言する　　**숨을 거두다**：息を引き取る

⁶ **유언**：遺言　　**불사르다**：火の中に入れて燃やす　　**-아 달라고**：〜してくれと。依頼表現を引用形にするときは、주다ではなく달다という別の単語を用いる。달라고は、달다に命令引用形語尾の-라고が付いた形　　**막대하다**：莫大だ　　**분량**：分量　　**안타깝다**：気の毒だ、ふびんだ　　**친정** (親庭)：(結婚した女性の)実家

第3章

近世後期〜近代 (17世紀以降)

18 왕의 어머니가 된 궁녀

숙빈 최씨

¹ 나는 **영조 임금**의 엄마입니다. 그러나 **왕비**는 아닙니다. 옛날에 왕비인 **인현왕후**를 따라 **궁**에 들어온 **궁녀**
[옌나레]
입니다. 나는 착한 인현왕후를 좋아합니다. 왕비님도
[차칸]
나를 참 좋아합니다. 왕비님을 위해서 나는 무엇이든지
할 수 있습니다.
[할 쑤]

² 왕비님을 위해 **부지런히** 일하는 나는 손이 많이 **거칠고 험합니다.** 예쁘지도 않습니다. **훗날** 내 아들 영조 임
[안씁니다]   [훈날]
금이 이런 내 손을 참 가슴 아파했습니다.

³ 어느 날 큰 사건 (**인현왕후 폐위 사건**)이 일어났습니
[사꺼니]
다. 그래서 왕비님이 **쫓겨났습니다.** 나는 슬펐습니다. 왕
비님이 안 계신 궁에서 내 마음은 몹시 **외로웠습니다.**

⁴ 매일매일 왕비님이 돌아오게 **해 달라고** 하늘에 **빌었습니다.** 그런데 내가 **기도하는** 모습을 임금님이 **보고 말**

王の母になった宮女
淑嬪崔氏 (スクピンチェシ)

1670～1718年。朝鮮王朝粛宗王 (第19代) の嬪 (朝鮮王の最上位の側室) であり、英祖王 (第21代) の生母。当時の王妃、仁顕に従い宮女となった後、粛宗王の目に留まり側室となる。その後、息子を立派な王 (英祖) に育て上げ「淑嬪」の地位を与えられる。

[1] 私は英祖王の母です。しかし王妃ではありません。昔、王妃である仁顕王后に連れられて王宮に入った宮女です。私は善良な仁顕王后を慕っています。王妃様も私をとてもかわいがってくださいます。王妃様のためなら私はなんでもできます。

[2] 王妃様のためにせっせと働く私は、手がとても荒れていて汚いです。美しくもありません。後に私の息子、英祖王は、こうした私の手を見てとても胸を痛めていました。

[3] ある日、大きな事件 (仁顕王后廃位事件) が起きました。そして王妃様が追い出されました。私は胸が痛みました。王妃様がいらっしゃらない王宮

[1] 영조(英祖)：朝鮮王朝第21代王(1694～1776年)　임금：王　왕비：王妃　인현왕후(仁顕王后)：朝鮮王朝第19代王粛宗の2番目の王妃 (1667～1701年)　궁 (宮)：宮殿　궁녀：宮女、女官

[2] 부지런히：真面目に、せっせと　거칠다：荒い、荒れている　험하다 (險--)：みすぼらしい、汚い　훗날 (後-)：後日、後に

[3] 인현왕후 폐위 사건 (仁顕王后 廃位 事件)：朝鮮王朝粛宗時代、当時の政権は西人と南人の2派で勢力争いをしていた。西人派だった王妃である仁顕王后が子どもを産めない中、南人派の張禧嬪が息子を持ち、世子にしようとする南人の仕掛けた政争で仁顕王后が追い出された事件　쫓겨나다：追い出される　외롭다：寂しい、心細い

았습니다. 숙종 임금은 이때부터 나를 좋아해 주었습니다.

5 나는 임금님의 **후궁**이 되었습니다. 쫓겨났던 왕비님도 돌아왔습니다. 나는 아이들도 낳았습니다. 내가 낳은 **똑똑한** 아들이 임금이 되었습니다.
[똑또칸]

6 요즘 사람들은 나를 드라마의 여주인공으로 기억합니다. '동이'라는 드라마의 동이가 바로 나입니다.
[기어캄]
[니다]

7 사람들이 나에게 친절하다고 했습니다. **겸손하다고도** 했습니다. **예의가 바르다고** 하는 사람도 있습니다.

8 모두 감사합니다.

で私は心細かったのです。

4 毎日、王妃様が戻ってこられるようにしてくださいと天に祈りました。ところが、私がお祈りする姿を王様がご覧になりました。粛宗王はこの時から私をかわいがってくださいました。

5 私は王様の側室となりました。追い出された王妃様も戻ってきました。私は子どもも生みました。私が生んだ賢い息子が王になりました。

6 最近の人々は私をドラマの女主人公として記憶します。「トンイ」というドラマのトンイがまさしく私です。

7 人々は私に親切だと言いました。慎み深いとも言いました。礼儀正しいと言う人もいます。

8 全て、ありがとうございます。

....

4 -어 달라고：〜してくれと。依頼表現を引用形にするときは、주다ではなく달다という別の単語を用いる。달라고は、달다に命令引用形語尾の-라고が付いた形　　빌다：祈る、請う　　기도하다 (祈禱--)：祈る　　-고 말다：〜してしまう　　숙종 (粛宗)：朝鮮王朝第19代王 (在位1674〜1720年)

5 후궁 (後宮)：側室　　똑똑하다：賢い、利口だ、頭がいい

7 겸손하다 (謙遜--)：謙虚だ、腰が低い、慎み深い　　예의：礼儀　　바르다：正しい

TR19
김만덕

1   조선 시대 상업 **구조**에는 '**객주**'라는 중간 **상인**이 있었다. 객주는 각지의 물건을 **위탁받아** 팔아 주거나 **매매를 주선**하며, 창고업, 화물수송업 등의 기능을 **겸하기**도 했다.

2   **이들** 중 성공한 객주로 유명한 **여인**이 있다. 김만덕이다. 제주 **태생**인 **그**는 열두 살에 부모를 잃고 **기생**의 **몸**
[열뚜 사례]   [일코]   [몸
종이 되었다. 이후에는 기생의 **양녀**가 되어 **가무**를 **익혀**
쫑]   [이켜]
이번에는 유명한 기생이 되었다. 그러나 **잘나가는** 기생으
[잘라가는]
로서의 **삶**을 **거부하고** 객주를 **운영하기로** 마음 먹는다.
[멍는다]
육지와 제주도를 **잇는** 유통업을 하였는데, **타고난** 장사
[인는]   [하연는데]
기질로 **막대한** 부를 이루었다.

朝鮮の女性事業家
金万徳 (キムマンドク)

김만덕。1739~1812年。済州島生まれ。早くに両親を亡くし、官妓になる。その後、商業を営み財を成すが、そのほとんどを済州島民救済のために差し出した。

¹朝鮮時代の産業構造には「客主」という中間商人がいた。客主は各地の物品を委託され、売ったり売買を取り持ったりし、倉庫業、貨物輸送業などの機能を兼ねもした。

²彼らの中でも、成功した客主として有名な女性がいる。金万徳だ。済州生まれの彼女は、12歳で両親を亡くし、芸妓(げいぎ)の小間使いになった。その後芸妓の養女となり、歌舞を習い、今度は有名な芸妓になった。しかし、売れっ子芸妓としての人生を拒否して客主を営むことを決める。本土と済州島をつなぐ流通業をしていたが、生まれ持った商売の才能で莫大な富を築いた。

....

¹ 구조:構造　객주:客主、中間商人　상인:商人　위탁받다 (委託--):委託される
매매:売買　주선하다 (周旋--):取り持つ　창고업:倉庫業　화물수송업:貨物輸送業　겸하다 (兼--):兼ねる

² 여인 (女人):女性　태생 (胎生):生まれ　기생 (妓生):芸妓。宴会などで歌や踊りを披露することを生業とした女性　몸종:小間使い。主人の身の回りの雑用をする女性　양녀:養女　가무:歌舞　익히다:身に付ける。익다 (慣れる)の使役形　잘나가다:人気がある　삶:人生　거부하다:拒否する　육지:陸地。ここでは、本土である朝鮮半島を指す　잇다:つなぐ　유통업:流通業　타고나다:持って生まれる　기질:気質　막대하다:莫大だ　부:富

³ 그런데 당시 제주도는 자연 **재해**를 입어 주민의 고통이 몹시 심했다. 이에 나라에서 쌀을 보냈으나 **풍랑**을 [풍낭] 만나 그마저 **침몰하고** 말았다. 주민들이 **굶어** 죽을 **지경**에 이르자 김만덕은 여자 혼자 몸으로 이룬 전 재산인 쌀 500섬을 **내놓았다.**

⁴ **여장부라** 할 **통 큰** 그의 **기부**가 전국으로 **알려지자** **남녀노소**를 불문하고 그를 **칭송했다.** 그는 **뛰어난** 기업가이며 재산을 사회에 **환원한** 사회사업가이기도 했다.

³ ところが、当時済州島は自然災害に見舞われ住民の苦痛が甚大だった。これに対し国から米が送られたが、嵐に遭い、それすらも沈んでしまった。住民が餓死するほどになると、金万徳は女性の身一つで築いた全財産の米500俵を差し出した。

⁴ 女傑とも言うべき、きっぷのいい彼女の寄付が全国に伝わると、老若男女を問わず彼女を褒めたたえた。彼女は優れた起業家であり、財産を社会に還元した社会事業家でもあった。

....

³ 재해：災害　풍랑 (風浪)：波風。風と波。ここでは「嵐」とした　마저：〜までも　침몰하다 (沈没--)：沈没する　-고 말다：〜してしまう　굶다：飢える　지경 (地境)：状況　섬：俵 (たわら)。俵を数えるときに使う「〜俵 (ひょう)」という助数詞にもなる　내놓다：差し出す

⁴ 여장부 (女丈夫)：女傑　통(이) 크다：度量が大きい。통は「度量、肝」という意味　기부：寄付　알려지다：広く知られる、知れ渡る　남녀노소 (男女老少)：老若男女。노소 (老少)は「老いている者と若い者」の意味　불문하다 (不問--)：問わない　칭송하다 (称頌--)：褒めたたえる　뛰어나다：優れている　환원하다：還元する

정조**임금**이 크게 **칭찬하며 소원**을 말해 보라고 했다.

그가 원한 소원은 금강산 구경이었는데, 임금은 제주도
[구경이언는데]
에서 서울로, 서울에서 금강산으로 가는 모든 길의 **관**

공서에서 **편의**를 제공하도록 지시했다. 그가 가는 **길목**
[길몽]
마다 사람들이 **몰려** 그를, 그가 한 일을 **되새기고** 공경
마다]   [한 니를]
했다.

正祖王が大いに称賛し、願いを言ってみよと言った。彼女の願いは金剛
山見物だったが、王は済州島から都、都から金剛山へ行く道の全ての役
所で便宜を図るよう指示した。彼女が行く道々で人が集まり、彼女を、そ
して彼女が行ったことを思い返しては称賛した。

5 **임금**：王　**칭찬하다**（称讃--）：称賛する　**소원**（所願）：願い　**관공서**（官公署）：役所
편의：便宜。日本語では「便宜を図る」のように使われるが、「便宜を図る」は韓国語では제
공하다（提供する）のほか봐주다（世話する）や도모하다（図る）が使われる　**길목**：曲が
り角や横丁への入り口など、道の要所を指す言葉。가는 길목마다で「行く先々で」という意
味になる　**몰리다**：殺到する　**되새기다**：思い返す。「何度も口の中でかみ続ける」や「（牛
などが）反すうする」という意味だが、「思い出して繰り返し味わう」という意味でも使われる

20 조선의 천재

정약용

1 18세기의 **실학자**이자 **유학자**인 다산 정약용, 학사로
[십팔쎄기]
서 500여 권의 **방대한** 저서를 남겼으며 그의 저서 중에
서 대표작은 〈목민심서〉 〈경세유표〉 〈흠흠신서〉 〈여유
[몽민]
당전서〉 등을 **꼽는다**.
[꼼는다]

2 정조의 **두터운 신임**을 받으며 10년 간 **벼슬**을 한 **문**
[심년]   [문
신이었는데, 과학이나 기술에도 밝아 한강에 **배다리**를
시니언는데]
준공하고, 수원성을 설계하기도 했다. 수원성을 쌓을
때는 **일꾼**들이 무거운 돌을 힘들게 지고 올리는 것을
보고 기구를 고안하기 시작, 마침내 거중기, **도르래, 고**
륜 등을 **발명해** 공사를 쉽게 하도록 만들어 주었다.

3 그러나 그의 **청년기**에 한반도에 들어온 **천주교, 즉 서**
학을 연구한 일로 정치 생활은 **위기**를 맞는다. **신유박**
[연구한 닐로]   [만는다]   [바
해 때 중앙을 떠나 장기간 **유배**를 가고, 이때 많은 책을
캐]

朝鮮の天才
丁若鏞（チョンヤギョン）

1762〜1836年。朝鮮時代の儒学者で、実学思想を集大成した。号は茶山。1789年に科挙に合格して官吏となり、さまざまな改革に取り組む。西学（西洋科学）にも造詣が深く、水原城の築造には西洋の知識を生かして工事の効率化を図った。

1 18世紀の実学者で儒学者の茶山丁若鏞、学者として500冊余りの膨大な著書を残し、彼の著書の中で代表作は「牧民心書」「経世遺表」「欽欽新書」「與猶堂全書」などが挙げられる。

2 正祖の厚い信任を受け、10年間官職に就いた文臣だったが、科学や技術にも明るく、漢江に舟橋を竣工し、水原城を設計したりもした。水原城を建てる時は労働者が重い石を大変そうに持ち上げるのを見て道具を考案し始め、ついには挙重器、滑車、鼓輪などを発明して工事を簡単にできるようにした。

3 しかし、彼の青年期に朝鮮半島に入ってきたカトリック、すなわち西学を研

⋯⋯

1 **실학자**：実学者　**유학자**：儒学者　**방대하다**（厖大--）：膨大だ　**꼽다**：指を折って数える。数ある中から上位のものを選び、挙げる意味でも用いる

2 **두텁다**：厚い　**신임**：信任　**벼슬**：官職　**문신**：文臣　**배다리**：舟橋。舟を並べて浮かべ、その上を渡る橋　**준공하다**：竣工する　**일꾼**：労働者　**도르래**：滑車　**고륜**（鼓輪）：鼓のように真ん中がくびれた形をした円筒状の装置。綱を巻き付けて重い物を持ち上げるために用いた　**발명하다**：発明する

3 **청년기**：青年期　**천주교**（天主教）：カトリック　**즉**（即）：すなわち　**서학**：西学、西洋の学問　**위기**：危機　**신유박해**：辛酉迫害。1801年に起きた、政治的対立を契機とするキリスト教弾圧事件　**유배**（流配）：配流、流刑、島流し

썼다. 그는 학문을 발전시키는 데 그치지 않고 각종 사
[함무늘]　　[발쩐시키는]　　　　　　　　　[안코]

회 **개혁안**을 제시하여, 새로운 **질서**를 **마련하고자** 했다.
[질써]

4　정약용은 위로는 왕의 **통치를 강화하고** 아래로는 민

본의식을 실천하자고 주장하였으며, 이 밖에도 **토지**개

혁, **과거제도 개선, 군제** 개혁, **상공** 보호, **광업 육성** 등

사회 전반에 **걸친 혁신 방안**을 **구상하였다.**

5　그의 셋째 형 정약종과 조선 최초의 천주교 신자인

매부 이승훈이 천주교 박해로 **숨졌고,** 둘째 형 정약전

은 함께 **귀양살이를 한** 바 **있다.**

究したことで政治生活は危機を迎える。辛酉迫害の時、中央を離れて長
期間流刑となり、この時多くの本を書いた。彼は学問を発展させるのに
とどまらず、各種社会改革案を提示し、新しい秩序を用意しようとした。

4 丁若鏞は上には王の統治を強化し、下には民本（国民を主とすること）意
識を実践しようと主張し、この他にも土地改革、科挙制度改善、軍制改革、
商工保護、鉱業育成など社会全般にわたる革新案を構想した。

5 彼の3番目の兄丁若鍾と、朝鮮最初のカトリック信者である義弟の李承
薫はカトリック迫害で死に、2番目の兄丁若銓は一緒に流刑となったこと
がある。

개혁안：改革案　질서：秩序　-고자：〜しようと

4 통치：統治　강화하다：強化する　토지：土地　과거：科挙　제도：制度　개선：改善
군제：軍制、軍の制度　상공：商工、商業と工業　광업：鉱業　육성：育成　걸치다：
掛かる、またがる、わたる　혁신：革新　방안：方案　구상하다：構想する

5 매부(妹夫)：姉妹の夫。義兄または義弟　숨지다：死ぬ、息絶える。숨(息)と지다(消える)
の複合語　귀양살이：配流され不自由に生活すること。귀양は流罪の意味　-ㄴ 바 있
다：〜したことがある、過去に〜している

21 조선 최초의 신부

TR21

김대건

1 한국의 **천주교** 역사는 매우 **특이하다.** 17세기 조선에
[십칠쎄기]
서 마테오 리치의 〈천주실의〉라는 책을 지식인들이

학문으로 연구하다가 18세기 들어 스스로 **신자**가 되
[항 무느로] [십팔쎄기]
었기 때문이다. 학문으로 시작해 종교로 뿌리내리던 천
[시자캐]
주교는 이후 여러 차례의 **모진 박해**를 받았다.
[바캐]

2 한국 천주교에서 **존경받는** 인물 중 **손꼽는** 사람이
[존경반는] [손꼼는]
최초의 신부인 김대건이다. **순교자** 집안에서 자연스

럽게 신자가 된 그는 프랑스인 모방 신부의 **발탁**으로

1837년 열일곱 살 때 마카오로 유학하게 된다. 동료
[천팔백 삼십칠련] [유하카게] [동뇨]
최양업, 최방제와 함께였다. 김대건은 라틴어, 프랑스어,

중국어, 서양 음악, 그림, 지리학에 **능했다.**

朝鮮最初の神父
金大建 (キムデゴン)

1821〜1846年。朝鮮最初のカトリック司祭として知られる。洗礼名はアンドレア (안드레아)。海
外で勉強した後、1845年、上海で朝鮮人として初めて司祭に叙階される。キリスト教弾圧が激
しかった朝鮮に密入国して布教を行うが、46年に逮捕されて拷問を受け、殉教。

1 韓国のカトリックの歴史はとても変わっている。17世紀の朝鮮において、
マテオ・リッチの「天主実義」という本を知識人が学問として研究している
うちに、18世紀に入って自ら信者になったからだ。学問として始め、宗教と
して根を下ろしたカトリックは、以後数回のひどい迫害を受けた。

2 韓国カトリックにおいて尊敬される人物の中で、名前が挙がるのが最初の
神父である金大建だ。殉教者の家系で自然と信者になった彼は、フラン
ス人のモーバン神父の抜てきで1837年、17歳の時にマカオに留学するこ
とになる。同僚の崔良業、崔方済と一緒だった。金大建はラテン語、フ
ランス語、中国語、西洋音楽、絵、地理学にたけていた。

....

신부：神父

1 천주교 (天主教)：カトリック　　특이하다 (特異‐‐)：変わっている、独特だ　　학문：学問
신자：信者　　모질다：ひどい、むごい　　박해：迫害

2 존경받다：尊敬される　　손꼽다：指を折って数える。数ある中から上位のものを選び、挙げ
る意味でも用いる　　순교자：殉教者。信仰のために命をささげる人　　발탁 (抜擢)：抜てき
능하다 (能‐‐)：たけている

³ 마카오의 신학교에서 4년 6개월을 공부한 뒤, 요동, 만주, 상해 등으로 **떠돌며** 조선 입국을 **고대했다.** 조선은 천주교를 **금한** 나라의 **명**을 **어기고** 서양 학문을 공부한 김대건을 **수배자**로 여겼으나 **사제**의 뜻을 **품은** 젊은이의 **의기**를 **꺾지** 못했다. 1845년 마침내 사제가 된 [모탣따]
김대건은 조선에 **몰래** 들어가 미사를 **집전하고** 신자들

을 만나 **격려하였다.**
[경녀하연따]

조선에서 활동한 지
[활똥한]

1년 여가 흐른 뒤 **체**
[일려 녀]   [체]

포되었는데, 40여 차
포되언는데]

례의 **혹독한 고문**을
[혹또칸]

받은 뒤 **참수되어** 순

교하였다. 그의 나이

젊디젊은 25세였다.
[점띠절믄]

³ マカオの神学校で4年6カ月勉強した後、遼東、満州、上海などをさすら
いながら朝鮮入国を待ち焦がれた。朝鮮はカトリックを禁じた国の命を
破って西洋学問を勉強した金大建をお尋ね者扱いしていたが、司祭を志
した若者の心を折ることはできなかった。1845年、ついに司祭になった
金大建は朝鮮にひそかに入り、ミサを執り行い、信者に会って激励した。
朝鮮で活動を始めて1年余りが流れた後に逮捕されており、40回余りの
むごい拷問を受けた後打ち首になって殉教した。年にしてまだまだ若い25
歳だった。

....

³ **떠돌다**：さまよう、さすらう　**고대하다** (苦待——)：待ち焦がれる　**금하다**：禁ずる　**명**：命、
命令　**어기다**：(約束を)破る、(命令に)背く　**수배자** (手配者)：お尋ね者、指名手配を
受けている者　**사제**：司祭　**품다**：抱く　**의기**：意気　**꺾다**：折る　**몰래**：こっそり、ひ
そかに　**집전하다** (執典——)：典礼を執り行う　**격려하다**：激励する　**체포되다**：逮捕さ
れる　**혹독하다** (酷毒——)：ひどい、むごい、残酷だ　**고문**：拷問　**참수되다**：斬首される、
打ち首になる　**-디-**：とても～だ、非常に～だ。形容詞の語幹に付き、その後ろに同じ形容
詞を重ねて用いる。類似した語尾に-나-があり、크나크다、기나길다などに用いられる

22 방랑 시인

TR22

김삿갓

1 하늘 보기가 부끄러워 늘 **삿갓**을 쓰고 다니는 남자
가 있었다. 성이 김인 이 남자는 전국 곳곳을 바람처럼
다니며 시를 지었기에 방랑 시인 김삿갓이라 불렀다.
[방낭]

2 김삿갓이 **떠돌이** 생활을 하게 된 계기가 있었는데,
[이썬는데]
그가 스스로 **조부**를 비판하는 글을 지었기 때문이었다.
1811년 '홍경래의 난'이라 부르는 농민 항쟁이 일어났
[천팔백씨빌련][홍경내]
는데, **무관**이었던 김익순이 **용감하게 싸우기는커녕** 그
자리에서 **항복한** 사건이 있었고, 김익순이 자신의 할아
[항보칸]   [사꺼니]
버지인 사실을 몰랐던 김삿갓은 김익순을 비판하는 글
을 써서 **과거** 시험에 1등으로 붙었던 것이다. 나중에 자
[일뜽]
신의 조부임을 알게 된 김삿갓은 심한 부끄러움을 느껴
모든 것을 버리고 떠돌기 시작했다. 그때 김삿갓의 나이
[시자캔따]
스무 살 무렵이었다.

放浪詩人
キム・サッカ

1807〜1863年。朝鮮半島各地を放浪しながら、両班などの上流階級をユーモアたっぷりに風刺した詩を多く詠んだ。作品の多くは口伝により伝わっていたが、1939年に『김립시집（金笠詩集）』が編まれ、広く世に知られることとなった。

---

[1] 空を見るのが恥ずかしくていつも編みがさをかぶって歩き回っていた男がいた。姓がキムであるこの男は全国各地を風のように歩きながら詩を詠んだので、(人は彼を) 放浪詩人キム・サッカと呼んだ。

[2] キム・サッカがさすらい人生活をすることになったきっかけがある。彼が自らの祖父を批判する文を書いたためだ。1811年、「洪景来の乱」と呼ばれる農民抗争が起きたのだが、武官であった金益淳が勇敢に戦うどころかその場で降伏した事件があった。金益淳が自分の祖父である事実を知らなかったキム・サッカは、金益淳を批判する文を書いて科挙試験に首席で合格したのである。後に自分の祖父であることを知ったキム・サッカはひど

- -

방랑：放浪

[1] **삿갓**：編みがさ

[2] **떠돌이**：さすらい人、流れ者、風来坊。動詞떠돌다 (放浪する)から派生した名詞　**조부**：祖父　**무관**：武官　**용감하다**：勇敢だ　**〜는커녕**：〜どころか。名詞形を作る-기と併せて「〜するどころか」の意味になる　**항복하다**：降伏する　**과거**：科挙

³ **발길 닿는 대로** 조선 팔도를 돌아다니다 술이며 밥을
[발낄] [단는]　　　　　　　[팔또]

얻어먹었고 즉흥적인 시를 남겼는데, 그의 시는 주로 민
　　　　　[즈킁저긴]

중의 편에서 권력자와 부자를 비판하고 **풍자하는** 것들
　　　　　　[궐력짜]

이었다. 문자는 단순하게, 비유는 기발하게, 미묘한 감
　　　　[문짜]

정은 섬세하게 표현했다.

⁴ 길 위에서 삶을 살고 길 위에서 57세에 생을 마감한
　　　　　　　　　　　　　　[오십칠쎄]

그에게도 아내와 아이들이 있었는데, 특히 둘째 아들
　　　　　　　　　　　　　　　　[트키]

역시 아버지를 찾아 전국을 떠돌았다고 전해진다.

⁵ 강원도 영월에 가면 김삿갓 **유적지가** 있는데, 문학관
　　　　　　　　　　　　　　[인는데]

안팎에서 하늘을 바라보는 김삿갓, 말을 타고 있는 김

삿갓 등 여러 조형물을 시와 함께 만나 볼 수 있다.
　　　　　　　　　　　　　　　　　[볼 쑤]

く恥じ、全てを捨てて放浪し始めた。その時、キム・サッカの年は20の頃
だった。

³ 足の向くまま朝鮮八道を歩き回り、酒やご飯をもらって食べ、即興的な詩
を残したが、彼の詩は主に民衆の側から権力者や金持ちを批判し、風刺
するものだった。文字は単純に、比喩は奇抜に、微妙な感情は繊細に表
現した。

⁴ 道の上で生き、道の上で57歳の生涯を終えた彼にも妻や子がいたが、特
に次男もまた父を訪ねて全国を放浪したと伝えられる。

⁵ 江原道寧越に行くとキム・サッカゆかりの地があり、文学館の内外で空を
見上げるキム・サッカ、馬に乗っているキム・サッカなどのいろいろな造形物
に、詩と共に出合うことができる。

....

³ 발길 닿는 대로 : 足の向くまま　언어먹다 : (食べ物を)おごってもらう　즉흥적이다 : 即興
的だ　풍자하다 (諷刺--) : 風刺する

⁵ 유적지 (遺跡地) : 遺跡のある場所

23 농민운동의 지도자

전봉준

1 **변혁**의 **아이콘**, 사회 **개혁가**, 농민군 **대장** 전봉준. **몰락**
[몰라]
한 양반 출신의 아들로 태어난 그는 조선의 **봉건제도**를
칸]   [출씨네]
없애고, 일본의 **자본주의**를 **저지하여** 나라의 근대화를

이루고자 한 인물이다.

2 전봉준은 동학농민군 대장으로 민중을 이끌었는데,
[동항농민군]   [이끄런는데]
동학**이란** 1860년 최제우가 **창시한** 한국의 민족 종교를
[천팔뱅 늌씸년]
말한다. 동학은 민간 **신앙**과 **유교**, 불교, **도교**를 **융합한**
[융하판]
새로운 종교로, 인간 **평등**을 **내세웠다**.

3 전봉준의 청년기 조선은 **개항**에 따른 **외세**의 **유입**으
로 매우 **어지러웠다**. 농민들의 **삶**도 어려울 수밖에 없었
[어려울 쌈]
다. 1894년 전라도 고부 지방에서 **폭정**으로 **피폐해진**
[절라도]
농민들이 **민란**을 일으켰고, **불법적**으로 **빼앗긴 곡물**을
[밀라늘]   [공무를]
되찾아 농민에게 돌려주는 일이 생긴다. 이에 정부가 **무**
[돌려주는 니리]

農民運動の指導者
全琫準（チョンボンジュン）

1854〜1895年。全羅北道の出身。1894年、全羅道古阜郡で役人の不正に対する反乱が起きると、この反乱の指導者として農民を率いた。この反乱を契機として甲午農民戦争（韓国では東学農民運動と呼ばれる）が勃発し、日清戦争へと発展することになる。

---

1 変革のアイコン、社会改革家、農民軍大将全琫準。没落した両班出身の息子として生まれた彼は朝鮮の封建制度をなくし、日本の資本主義を阻止して国の近代化を成し遂げようとした人物だ。

2 全琫準は東学農民軍大将として民衆を率いたが、東学とは1860年に崔済愚が起こした韓国の民族宗教のことをいう。東学は民間信仰と儒教、仏教、道教を融合させた新しい宗教で、人間平等を掲げた。

3 全琫準の青年期の朝鮮は開港による外国勢力の流入でとても乱れていた。農民の暮らしも厳しくならざるを得なかった。1894年、全羅道古阜地方で暴政により疲弊してきた農民たちが民乱を起こし、不法に奪われた穀

---

1 변혁：変革　아이콘：アイコン、象徴　개혁가：改革家　대장：大将　몰락하다：没落する　양반：両班。官僚制度に起源を持つ、上位身分階級。科挙を受けることができた。現代では男性に対する呼称として使われることがある　봉건제도：封建制度　자본주의：資本主義　저지하다 (沮止‐‐)：阻止する　‐고자：〜しようと

2 〜이란：〜とは　창시하다：創始する　신앙：信仰　유교：儒教　도교：道教　융합하다：融合する　평등：平等　내세우다：前に立たせる、揚げる

3 개항：開港　외세 (外勢)：外国の勢力　유입：流入　어지럽다：乱れている、慌ただしい、目まぐるしい　삶：人生、暮らし　폭정：暴政　피폐해지다：疲弊した状態になる　민란：民乱　불법적 (不法的)：不法であること。불법적으로で「不法に」の意味　빼앗기다：奪

능한 관리를 처벌하여 진정시켰으나 뒤이어 내려온 관리
[괄리]
가 동학교도를 탄압하자 다시 집결하였다. 이 민란이 전
[타나파자]
투력을 갖춘 동학농민운동으로 전환되었는데, 이들은
봉건제도와 개화정권에 반대하여 투쟁하였다. 그리고
[정꿔네]
이들의 대장이 바로 전봉준이다. 농민 봉기 1차 때 이미
호남 지역 3분의 2 이상이 그의 지휘를 따랐으며 경상
도와 충청도까지 그의 영향 아래 있었다. 항일구국을
천명한 2차 봉기 후에 일본군과 정부군에게 진압되었다.

전봉준은 민중의 정신적 지도자였지만 변절한 부하
의 밀고로 일본군에 넘겨져 교수형으로 생을 마감했다.
하도 왜소하여 녹두라고 불렸던 어릴 적 별명을 따서 녹
[어릴 쩍]
두장군이라는 별칭을 얻었다.

物を農民に返す事件が起きる。これに政府は無能な役人を処罰し鎮静さ
せたが、後にやってきた役人が東学教徒を弾圧するや再び集結した。こ
の民乱が戦闘力を持った東学農民運動に転換されたが、彼らは封建制度
と開化政権に反対し、闘争した。そして、彼らの大将が全琫準だ。第一
次農民蜂起の時、すでに湖南地域の３分の２以上が彼の指揮に従い、
慶尚道と忠清道まで彼の影響下にあった。抗日救国を宣言した第二次
蜂起後に日本軍と政府軍に鎮圧された。

全琫準は民衆の精神的指導者だったが、変節した部下の密告で日本軍
に引き渡され、絞首刑で人生を終えた。あまりにも体が小さくて緑豆と呼
ばれた小さい頃のあだ名から緑豆将軍という別名を得た。

われる　곡물：穀物　되찾다：取り戻す　무능하다：無能だ　관리：官吏　처벌하다：
処罰する　진정시키다（鎮静---）：鎮静化させる、鎮める　뒤잇다：後に続く、引き続く。
뒤이어で「引き続き」の意　동학교도：東学教徒　탄압하다：弾圧する　집결하다：集結
する　전투력：戦闘力　갖추다：備える、持っている　전환되다：転換する　이들：この
人たち、これら　개화정권：開化政権　투쟁하다：闘争する、争う　봉기：蜂起　호남
（湖南）：全羅道の別称　지휘：指揮　항일구국：抗日救国　천명하다（闡明--）：立場
を明らかにする、表明する　진압되다：鎮圧される

변절하다：変節する、立場や意見を変える　밀고：密告　넘겨지다：引き渡される　교수
형：絞首刑　생（生）：人生　마감하다：締めくくる、終える　하도：あまりにも　왜소하다
（矮小--）：小さい　녹두：緑豆　별명：別名　장군：将軍　별칭：別称

국어학의 아버지

주시경

¹ 나라를 **보존하는** 길은?

² 나라를 일으키는 길은?

³ 나라의 **바탕**을 **굳세게** 하는 길은?

⁴ **개화기**의 한국인과 주시경의 고민이었다. 그리고 그에 **대한** 답은 '말'과 '역사'였다.

⁵ 주시경은 어려서는 **한학**을 공부했다. 한학을 공부하자, 오히려 한국말과 한글에 대한 관심이 더욱 깊어지고, [한궁말] **소중함**을 크게 알게 되었다. **문명 강대국**은 모두 자기 나라의 말과 글을 사용한다는 점도 주변**으로부터** 배 웠다. 주시경은 국어 문법에 **관한** 연구를 시작했다. [문뻐베]   [시자캔따]

国語学の父
周時経 (チュシギョン)

1876〜1914年。韓国語文法を初めて体系化した言語学者。原理に基づいた正書法、漢字語の
固有語化を推進した国語学の先駆者でもある。彼の理論は弟子である崔鉉培、金枓奉らにより
「周時経学派」へと受け継がれる。

[1] 自国を守る道は?

[2] 自国を起こす道は?

[3] 自国の土台を強くする道は?

[4] 開化期の韓国人と周時経の悩みであった。そしてそれに対しての答えは
「言葉」と「歴史」であった。

[5] 周時経は幼くして、漢学を学んだ。漢学を学ぶと、むしろ韓国語とハング
ルに対する関心がより深まり、その大切さを大きく知るようになった。文
明強大国は、どの国も自国の言葉と文字を使うという点も周りから習った。

....

국어학：国語学

[1] 보존하다：保存する、状態を保つ、守る

[3] 바탕：土台、基礎　굳세다：強い、固い、屈強だ

[4] 개화기 (開化期)：1876年の日朝修好条規 (江華島条約) 締結以後、西洋の影響で封建
社会から近代化が進んだ時期　대하다：対する

[5] 한학 (漢学)：漢文を研究する学問であり、中国の古典文学が大きな比重を占める　소중
함 (所重-)：大切さ、重要性　문명：文明　강대국 (強大国)：強大な国、強国　〜으로
부터：〜から　관하다：関する

⁶ 서재필이 **창간한** '독립신문'에서 **교정**을 **담당하기도** 했
[동닙씬무네서]
다. 이때 한글의 **이론**과 **표기법**을 통일할 필요성을 느
[표기뻐블]   [피료썽]
꼈다.

⁷   34세까지 **학업**을 계속한 후, 이후로는 국어 교사로
[게소가 누]
활동했다. 여러 학교에서 동시에 강의를 **하느라** 이곳저
[활똥핸따]
곳 바쁘게 움직였다. 오직 나라를 생각하고 나라의 말
[생가카고]
을 생각했다고 그를 아는 사람들은 **입을 모아** 말했다.

⁸   주시경은 최초로 한국어 문법을 **체계화했다.** 주시경
이 남긴 '국문문법(1905년)' '대한국어문법(1906년)'
[궁문]
등 9권의 **문법서**는 오늘날의 국어학이 널리 발전할 수
[발쩌날 쑤]
있는 **터전**이 되었다.
[인는]

⁹   그러다 몸을 **돌보지** 않는 연구와 강의로 37세의 젊
[안는]   [삼십칠쎄]
은 나이에 **급서했다.**

周時経は国語文法に関する研究を始めた。

6 徐載弼が創刊した『独立新聞』で校正を担当したりもした。この時、ハングルの理論と表記法を統一する必要性を感じた。

7 34歳まで学業を続けた後、その後は国語の教師として活動した。幾つかの学校で同時に講義をしようとあちらこちらと忙しく動き回った。ただ国を思い、国の言葉を考えていたと、彼を知る人々は口をそろえて言った。

8 周時経は韓国語文法を最初に体系化した。周時経が残した『国文文法 (1905)』『大韓国語文法 (1906)』など9巻の文法書は、今日の国語学を広く発展させる基盤となった。

9 そうして、体を酷使する研究と講義により37歳の若さで急逝した。

---

6 **창간하다**：創刊する　**교정**：校正　**담당하다**：担当する　**이론**：理論　**표기법**：表記法

7 **학업**：学業　**-느라**：〜していて、〜するのに夢中で　**입을 모으다**：口をそろえる、異口同音に話す

8 **체계화하다**：体系化する　**문법서**：文法書
　터전：基盤

9 **돌보다**：世話をする、面倒を見る。ここでは돌보지 않다で「省みない」の意　**급서하다**：急逝する

25　조선의 마지막 왕녀

TR25

덕혜옹주

1　중환자가 있는 **병실**은 **마치 감옥**과도 같았다. 안내해
　　[인는]
주는 **간호부**의 뒤를 따라갔는데, 한 병실 앞에서 간호
　　　　　　　[따라간는데]
부의 발이 딱 멈추었다. 그 안을 **들여다보니** 40여 세의

한 중년 부인이 앉아 있는데, **창백한** 얼굴에 커다란 눈
　　　　　　　　　　　　　　　[창배칸]
을 뜨고 이쪽을 바라보는데 **무서울 지경이었다.**
　　　　　　　　　　　　　　[무서울 찌경]

2　기자 김을한이 일본의 한 정신 병원에서 본 '한 중년

부인'은 바로 덕혜옹주였다.
　　　　　[더케옹주]

3　조선 고종의 딸 덕혜옹주는 1925년 처음으로 일본

땅을 밟았다. 아버지인 고종이 **갑작스레** 목숨을 잃은

뒤, 일본은 조선 **왕족**들에게 일본 교육과 일본인과의

朝鮮の最後の王女
徳恵翁主（トケオンジュ）

1912〜1989。1912年、朝鮮王朝26代王、高宗と貴人梁氏との間に生まれる。対馬藩主の子孫、宗武志と結婚し、1女をもうけるが、精神疾患に苦しみ、ついに離婚に至る。62年ついに韓国への帰国がかない、帰国後は昌徳宮で余生を送った。

[1] 重症患者がいる病室は、まるで監獄のようだった。案内してくれる看護婦の後についていったのだが、ある病室の前で看護婦の足がぴたっと止まった。その中をのぞき込むと、40歳ほどの一人の中年女性が座っているのだが、蒼白な顔に大きな目を開いてこちらを見つめていて、恐ろしいにも程があった。

[2] 記者キム・ウルハンが日本のとある精神病院で見た「一人の中年女性」とは、すなわち徳恵翁主であった。

[3] 朝鮮王朝の高宗の娘、徳恵翁主は、1925年に初めて日本の地を踏んだ。父の高宗が突然息を引き取った後、日本は朝鮮の王族たちに、日本の教

....

[1] 중환자 (重患者)：重症患者　병실：病室　마치：まるで、あたかも、ちょうど　감옥：監獄　간호부：看護婦。現在の韓国では간호사 (看護師) という名称が一般的　들여다보다：のぞき見る、のぞき込む　창백하다：蒼白だ　-을 지경이다 (− 地境−−)：〜にも程がある

[3] 갑작스레：突然、急に　왕족：王族

정략결혼을 요구했다. 덕혜옹주는 언젠가는 다시 **조국**
[정냑껴로늘]

으로 돌아갈 수 **있으리라는** 희망을 가지고 일본으로
   [도라갈 쑤]

떠났다. 그러나 일본에 **채 적응하기**도 전에 오빠인 순종

과 어머니인 양귀인의 죽음을 차례로 **겪어야** 했다. 아무

리 마음을 **다잡아도** 조선의 왕녀가 일본 학교에 적응하

기란 쉽지 않았다. 덕혜옹주는 **나날이 쇠약해져** 갔다.
                                        [쇠야캐저]

얼마 뒤, **조발성 치매증, 정신분열증**이라는 진단을 받았
      [조발썽 치매쯩]   [정신부녈쯩]

다. 조선은 그녀와 조금 더 멀어졌다.

⁴　치료를 통해 **병세가 호전되자** 덕혜는 1931년 5월 쓰
                                          [천구백 삼시빌련]

시마섬 **번주**의 아들인 소다케유키와 결혼, 딸 정혜를

얻는다. 이로써 평범한 가정을 **꾸리는** 듯했다. 그러나
[언는다]   [드탣따]

어느 날 정혜가 학교 친구들에게서 조센징이라며 **따돌**

림을 당한 일을 **계기로** 덕혜와 딸 사이에 커다란 **금이**

간다. 마음이 **피폐해진** 덕혜의 병은 날이 **갈수록** 심각해
                                        [갈쑤록]   [심가캐

지고, **급기야** 남편 손에 **이끌려** 정신 병원에 **감금되기**에
지고]

이른다.

120

育と日本人との政略結婚を要求した。徳恵翁主は、いつかは再び朝鮮に帰ることができるだろうという希望を持って日本へと出発した。しかし、日本にまだ適応もしないうちに、兄である純宗と母の梁貴人の死を次々に経験しなければならなかった。いくら気持ちを引き締めても、朝鮮の王女が日本の学校に適応するというのは容易ではなかった。徳恵翁主は、日に日に衰弱していった。しばらく後、早発性痴呆症、精神分裂症という診断を受けた。朝鮮は、彼女からまた少し遠ざかった。

治療を通じて病状が好転すると、徳恵は1931年5月、対馬の藩主の息子である宗武志と結婚し、娘の正恵を授かる。これにより、平凡な家庭を築くかと思われた。しかしある日、正恵が学校の友人から「朝鮮人」と言われて仲間外れにされたことをきっかけに、徳恵と娘の間に大きなひびが入る。心が疲弊した徳恵の病は日を追うごとに深刻になり、ついには夫の手に引かれて精神病院に監禁されるに至る。

- -

정략결혼：政略結婚　**조국**：祖国　**-으리라는**：～だろうという。-으리라고 하는의 縮約形　**채**：まだ（～しない）。十分な水準に至らない様子　**적응하다**：適応する　**겪다**：経る、経験する　**다잡다**：引き締める、取り締まる　**나날이**：日に日に、日ごとに　**쇠약해지다**（衰弱---）：衰弱する　**조발성 치매증**：早発性痴呆症。日本でいう統合失調症の以前の呼称　**정신분열증**：精神分裂症。日本でいう統合失調症の以前の呼称

병세（病勢）：病状　**호전되다**：好転する　**번주**：藩主　**꾸리다**：切り盛りする、手入れをする　**따돌림**：仲間外れにすること。따돌리다で「仲間外れにする」という意味　**계기**：契機、きっかけ　**금**：裂け目、ひび　**피폐해지다**：疲弊した状態になる　**-ㄹ수록**：（～すれば）～するほど　**급기야**：（及其也）：ついに、とうとう、揚げ句の果てに　**이끌리다**：引かれる、導かれる　**감금되다**：監禁される

⁵ 덕혜의 **유일한 피붙이**인 딸 정혜는 일본인과 결혼했으
[피부치]
나 **유서**를 남기고 집을 나간 이후 **실종되었다**. 그 1년 전
[실쫑되얻따]
덕혜의 남편이 **이혼**을 **통보했고**, 홀로 남은 덕혜는 이후

15년 간 정신 병원의 답답한 방에서 **멍하니** 하늘만 바
[답따판]
라보게 된다. 그리고 세상에서 완전히 잊혀지는 듯했다.
[이처지는]

⁶ 떠난 지 37년 만에 덕혜옹주는 조국에 돌아왔다. 하
[삼십칠련]
지만 **황실의 존재**를 **인정하지** 않는 조국에서 **병든 채**로

쓸쓸한 노년을 보내다 1989년 4월, **한** 많은 인생을 **마**
[천구백 팔씹구년]
감한다.

⁷ "나는 **낙선재**에서 오래오래 살고 싶어요. **전하, 비전하,**

보고 싶습니다. 대한민국 우리나라"

⁸ 그가 남긴 글이다.

5 徳恵の唯一の肉親である娘の正恵は日本人と結婚したが、遺書を残して
 家を出たのち失踪した。その1年前に徳恵の夫は離婚を言い渡しており、
 独りになった徳恵は以後15年間、精神病院の狭苦しい部屋でぼうっと空
 ばかりを見つめるようになる。そうして、世の中から完全に忘れられてゆく
 かと思われた。

6 出発してから37年たって、徳恵翁主は祖国に帰ってきた。しかし、皇室の
 存在を認めない祖国で、病気のまま寂しい老年を過ごし、1989年4月、恨
 (ハン) 多き人生を終える。

7 「私は楽善斎で末永く暮らしたいです。王様、王妃様、会いたいです。大
 韓民国 わが国」

8 彼女が書き残した言葉である。

------

5 유일하다：唯一だ、一つしか存在しない。유일한で「唯一の」という意味　피붙이：肉親
 유서：遺書　실종되다：失踪する　이혼：離婚　통보하다：通報する、通告する　멍하
 니：ぼんやりと、ぼうっと

6 황실：皇室　존재：存在　인정하다：認定する、認める　병들다 (病--)：病気になる、
 病に伏せる　-ㄴ 채：〜したまま　쓸쓸하다：寂しい、うすら寒い　노년：老年、老年期、
 老後　한：恨 (ハン)　마감하다：締めくくる、終える　낙선재：楽善斎。昌徳宮の中にあ
 る居住用の建物で、徳恵翁主の他、日本から嫁いだ李方子などがここで暮らした　전하：
 殿下。王の尊称　비전하：妃殿下。王妃の尊称

本書で使われているハン検4・5級レベルの語尾・表現

本書で使われているハン検4・5級レベルの語尾・表現をまとめました（가나다順）。
本文を読み進めながら分からない語尾・表現があったときにご参照ください。

～가 되다	～になる
～가 아니다	～ではない
-겠-	〈意志を表す語尾〉、〈推測や控えめな気持ちを表す語尾〉
-고	～して、～で、～してから
-고 싶다	～したい
-고 있다	～している
～과 같다	～のようだ
～과 달리	～と違い
-기 때문에	～するので、～なので
-기 전	～する前
-ㄴ[1]	〈形容詞・指定詞に付いて名詞を修飾〉～（な）…
-ㄴ[2]	〈動詞に付いて名詞を修飾〉～した…
-ㄴ 것[1]	〈形容詞・指定詞に付いて〉～（な）こと、～（な）もの
-ㄴ 것[2]	〈動詞に付いて〉～したこと、～したもの
-ㄴ 뒤	～した後に
-ㄴ 후	～した後に
-는	〈動詞に付いて名詞を修飾〉～している…、～する…
-는 데(에)	〈動詞に付いて〉～するのに当たって
-ㄹ	〈用言に付いて名詞を修飾〉～する…、～（な）…
-ㄹ 것이다	～（する）だろう、～するつもりだ
-ㄹ까	～しようか、～するだろうか、～だろうか
-ㄹ 때	～するとき、～しているとき、～（な）とき
～라고	～（だ）と
～라고 하다	～と言う、～と申す
-려고	～しようと
-려고 하다	～しようとする、～しようと思う
-면	～すれば、～ならば、～するならば

-십시오	～してください
-아	～して、～で、～くて
-아 가다	～していく
-아 오다	～してくる
-아도	～しても、～でも、～くても
-아 보다	～してみる
-아서	～して、～で、～くて、～するので、～（な）ので
-아야 하다	～しなければならない、～（で）なければならない
-아 있다	～している
-아 주다	～してあげる、～してくれる
-아하다	〈形容詞に付いて〉～がる
-았던	～した…、～だった…、～かった…
-어	☞ -아
-어 가다	☞ -아 가다
-어 오다	☞ -아 오다
-어도	☞ -아도
-어 보다	☞ -아 보다
-어서	☞ -아서
-어야 하다	☞ -아야 하다
-어 있다	☞ -아 있다
-어하다	☞ -아하다
-었던	☞ -았던
～와 같다	☞ ～과 같다
～와 달리	☞ ～과 달리
-으려고	☞ -려고
-으려고 하다	☞ -려고 하다
-으면	☞ -면
-으십시오	☞ -십시오
-은[1]	☞ -ㄴ[1]
-은[2]	☞ -ㄴ[2]
-은 것[1]	☞ -ㄴ 것[1]

-은 것²	☞ -ㄴ 것²
-은 뒤	☞ -ㄴ 뒤
-은 후	☞ -ㄴ 후
-을	☞ -ㄹ
-을 거예요	☞ -ㄹ 거예요
-을까	☞ -ㄹ까
-을 때	☞ -ㄹ 때
~이 되다	☞ ~가 되다
~이라고	☞ ~라고
~이라고 하다	☞ ~라고 하다
~이 아니다	☞ ~가 아니다
-지만	～するが、～（だ）が
-지 못하다	～することができない
-지 않다	～しない、～でない、～くない
-지요	～しましょう、でしょう、～しますか、～ですか、～しますよ、～ですよ

本書に収めた作品の掲載誌一覧

本書に収めた作品の初出掲載誌を記しました。なお、作品名は人名のみ表記しています。

□『多読多聴の韓国語 対訳韓国の人物』（2012年10月発行）から

□『韓国語学習ジャーナルhana』掲載作品

□書き下ろし作品

多読多聴の韓国語

やさしい韓国語で読む
韓国の人物伝 歴史編

2020 年 9 月 1 日　初版発行

編　者　韓国語学習ジャーナル hana 編集部

韓国語執筆　李善美
デザイン　木下浩一（アングラウン）
Ｄ Ｔ Ｐ　宗像香
イラスト　河美香
CD プレス　イービストレード株式会社
印刷・製本　中央精版印刷株式会社

発行人　裵正烈

発　行　株式会社 HANA
〒 102-0072 東京都千代田区飯田橋 4-9-1
TEL：03-6909-9380　FAX：03-6909-9388
E-mail：info@hanapress.com

発　売　株式会社インプレス
〒 101-0051 東京都千代田区神田神保町一丁目 105 番地

ISBN978-4-295-40442-2 C0087　©HANA 2020　Printed in Japan

●本の内容に関するお問い合わせ先
HANA 書籍編集部　TEL：03-6909-9380　FAX：03-6909-9388

●乱丁本・落丁本の取り替えに関するお問い合わせ先
インプレス カスタマーセンター　TEL：03-6837-5016　FAX：03-6837-5023
E-mail：service@impress.co.jp
（受付時間 10：00 ～ 12：00、13：00 ～ 17：30　土日、祝日を除く）
※古書店で購入されたものについてはお取り換えできません。

●書店／販売店のご注文受付
株式会社インプレス受注センター　TEL：048-449-8040　FAX：048-449-8041
株式会社インプレス出版営業部　TEL：03-6837-4635